소 소 한   행 복

날마다 소풍 같은 일상의 즐거움

소 소 한   행 복

초판 1쇄 인쇄 2017년 05월 23일
초판 1쇄 발행 2017년 05월 30일

지은이 안홍근
펴낸이 김양수
표지 본문 디자인 곽세진   교정교열 염빛나리

펴낸곳 휴앤스토리   출판등록 제2016-000014
주소 (우 10387) 경기도 고양시 일산서구 중앙로 1456(주엽동) 서현프라자 604호
대표전화 031.906.5006   팩스 031.906.5079
이메일 okbook1234@naver.com   홈페이지 www.booksam.co.kr

ISBN 979-11-960228-5-3 (03190)

◇ Contents

Prologue

　삶을 살아가기 위해 중요한 것이 무엇이냐고 물어보면 행복이라고 답하는 사람들이 많습니다. 그러나 이전 세대와 비교해 보았을 때 전보다 물질적으로 풍요로운 환경 속에서 살아가고 있지만, 사람들의 얼굴은 행복해 보이지 않습니다. 필자 또한 그런 사람 중 한 사람이었습니다. 학교에서 직장에서 나름대로 성취를 해보았지만, 그것은 순간이었고 다시 마음은 공허해지고 공허함을 채우기 위해 도전할 무언가를 찾아다녔습니다. 그런 경험이 반복될수록 행복이란 과연 무엇일까 고민하게 되었고, 결국 스스로 연구하는 계기가 되었습니다.

　평소에도 책을 읽는 습관이 있었기 때문에 연구에 도움이 될 수 있고 행복의 힌트를 줄 수 있는 다양한 분야의 책을 읽게 되었습니다. 또한 삶에 대해 진지하게 고민하는 지인들과 행복에 관한 대화를 나누면서 생각을 정리할 수 있는 계기가 되었습니다. 그 결과 동서양을 연결하는 철학 속에서 5가지의 행복의 범주를 발견하게 되었습니다. 우연히 상담 심리학을 공부하던 중에 윌리엄 글래서William Glasser

의 선택이론을 접하게 되었습니다. 선택이론에 의하면 우리가 생각하고 행동하는 모든 것은 욕구를 충족하기 위함이라는 것입니다. 선택이론에서 말하는 5가지 욕구는 자유, 즐거움, 사랑, 권력, 생존입니다. 여기서 권력(힘)과 생존에 대해서는 성과와 안정을 추구하는 욕구로 용어를 순화시켜 자유, 즐거움, 사랑, 성과, 안정으로 분류해 보았습니다. 결국 5가지 기본 욕구를 충족해 나가는 것이 행복의 속성이라는 것을 알게 되었습니다. 그렇다면 동양철학의 중심사상인 오행 사상과 연결을 할 수 있지 않을까? 라는 생각이 문득 들었습니다. 그래서 5가지 기본 행복의 속성을 오행과 연결을 해 본 결과 목(木)은 자유, 화(火)는 즐거움, 토(土)는 사랑, 금(金)은 성과, 수(水)는 안정과 매칭이 된다는 것을 우연히 발견하게 되었습니다. 그렇다고 하면 오행의 원리인 상생(相生)과 상극(相剋)의 원리가 적용 가능하다는 얘기가 됩니다. 상생의 원리에 의해서 자유(木), 즐거움(火), 사랑(土), 성과(金), 안정(水)으로 이어지면서 하나의 욕구가 충족되면 다른 욕구로 이어지게 됩니다. 또한 상극의 원리에 의해 특정 욕구에 치우치게 되면, 즉 태과(太過)하게 되면 극(剋)을 당하는 욕구는 소외되고 결국 소외된 욕구 때문에 갈등이 유발됩니다. 오행의 원리에 의해서 균형을 이루어야 행복한 삶을 살아갈 수 있는 것처럼 욕구도 골고루 균형을 이루어야 합니다.

역학(易學)에서는 지금 시대가 선천시대에서 후천시대로 넘어가는 시기라고 합니다. 양(陽)의 시간대에서 음(陰)의 시간대로 넘어가고 있다는 것을 뜻합니다. 쉽게 얘기하자면 여성의 시대, 물질적이고 감각적인 시대로 변해가고 있다는 말입니다. 이러한 분위기가 조성되면 정신적인 소양을 추구하는 것은 소외될 수밖에 없습니다. 결국 성과와 안정을 추구하며 물질적으로는 이전보다 풍요로워지겠지만, 정신적인 충족은 부족한 불균형으로 행복이 요원할 수밖에 없습니다. 여기서 성과와 안정에 연결되는 금(金)과 수(水)는 음의 기운을 나타냅니다. 음의 기운은 정신적인 가치보다는 물질적인 가치를 추구합니다. 그러므로 배금주의와 안정주의는 성공과 안정을 추구하는 사회적 분위기에 무관하지 않음을 이해할 수 있습니다. 성공과 안정에 대한 추구가 잘못되었다기보다는 지나친 맹신으로 인한 가치의 불균형이 불행을 유발한다는 것이 문제입니다. 한정된 자원을 가지고 경쟁해야 한다면 성공과 안정은 소수만 누릴 수 있는 특권이 됩니다. 결국 대다수 사람은 불행해지는 것입니다. 행복의 가치는 여러 가지로 나누어질 수 있는데 오직 두 가치만을 바라보는 사람들이 많습니다. 아마도 제대로 행복을 주는 다양한 가치를 인정하는 사회적 분위기가 성숙하지 않았기 때문일 것입니다.

세계 11위의 GDP 경제규모를 자랑하는 나라로 발전해 오면서 물질적으로 전보다 풍요로워졌지만, 마음은 오히려 이전보다 궁핍해졌습니다. 물질적으로 성공한 사람들은 부러움의 대상이 되었고 그들의 성공신화는 책과 대중매체에서 쉽게 접할 수 있습니다. 하지만 성공과 부를 축적한 사람들이 과연 모든 사람의 본보기Role Model가 되어야 할까요? 아직도 서점에 출간되고 있는 자기계발 책을 보면 성공과 안정만이 불확실한 현대사회를 살아가는 방편임을 강조합니다. 그러나 행복은 사람마다 상대적으로 인식된다는 것을 알 필요가 있습니다. 똑같은 물건도 누군가에게는 좋고, 누군가에게는 싫을 수 있습니다. 이처럼 사람들의 타고난 성향에 따라서 받아들이는 느낌은 다를 수 있습니다. 상대적으로 느껴지는 행복이라면 어떻게 하면 쉽게 행복을 이해하고 실천할 수 있을까 고민해 보았습니다. 그렇게 고민하던 중에 어느 날 행복은 누리는 방식에 있다는 것을 알게 되었습니다. 그래서 누릴 수 있는 것을 찾고 범주화하면서 5가지 향유의 범주로 분류하게 되었습니다.

이 책에서는 우리가 생각해 볼 수 있는 행복을 느낄 수 있는 향유를 5가지로 분류하여 설명합니다. 이를 통해 누리는 즐거움을 통한 행복은 다양하다는 것과 스스로 손쉽게 만들 수 있다는 것을 이해할 수 있을 것입니다. 행복은 감각, 창조, 성취, 관계, 철학의 5가지 향유(享有)의 요소를 통해 만들어집니다. 향유(享有)라는 단어는 마음껏 즐기고 누리며 갖는다는 것을 의미합니다. 이처럼 인생을 살아가면서 향유하는 즐거움을 얻기 위해 추구하는 것이 꿈을 꾸는 것이고, 꿈을 꾸며 실천해 나가는 것이 행복에 다가가는 길입니다. 꿈을 꾼다고 해서 뭔가 이루기 어려운 것을 생각할 필요는 없습니다. 그런 거창한 계획이 꿈을 이루기 힘들게 만든다는 것을 경험해 보았을 것입니다. 오히려 누리는 즐거움은 작은 소소한 꿈에서 쉽게 이룰 수 있습니다.

이미 행복한 국가의 전형인 덴마크에서는 휘게Hygge라고 하는 소소한 삶에서 행복을 얻는 일상이 보편화되어 있습니다. 즉 휘게 라이프Hygge Life는 가까운 사람들과 함께 어울리고 느리고 여유로운 자연 속의 소박한 일상을 통해 행복을 지향하는 삶을 말합니다. 물질적으로 풍요로운 나라이지만 그들 또한 시행착오를 통해 삶의 진정한 의미를 고민했을 것입니다. 그 결과 소소한 삶 속에서 주변의 소중한 사람들과 즐겁게 향유할 수 있는 모델이 나왔으리라고 생각됩니다. 이러한 소소한 삶을 추구하는 행복 국가의 모델은 앞으로 유행처럼 번질 트렌드가 될 것으로 예상합니다. 주역에서 말하는 궁즉변(窮則變), 변즉통(變則通), 통즉구(通則久)의 원리에 의해서 불행하다고 생각되는 현실은 궁하므로 변하게 될 것입니다. 변해야 한다면 불행을 자초하는 습관에서 빠져나와야 합니다. 그리고 소소한 삶 속에서 만족할 수 있도록 마음이 바뀌어야 합니다. 이런 마음으로 변할 수 있다면 행복의 문으로 통하고, 통하면 오래갈 것입니다.

소소소(小笑昭)의 실천, 즉 작고(小) 즐겁고(笑) 따뜻하게 비추며(昭) 서로 나눌 수 있는 꿈에 관한 작은 실천의 결과는 행복입니다. 행복은 매 순간 느낄 수 있어야 합니다. 꿈을 달성하기까지 인내해야 하고, 꿈이란 자고로 원대하고 이루기 힘든 것으로 생각할 필요는 없습니다. 꿈을 위해 지금의 소중한 시간을 참거나 희생할 필요는 없습니다. 결과로 가는 과정 또한 의미 있고 즐거워야 합니다. 성공했다는 사람들의 말을 듣고 똑같이 따라 할 필요는 없습니다. 성공했다는 누군가의 말을 맹신하게 되면 오히려 꿈을 이루는데 어렵게 만들 수 있습니다. 꿈을 통한 행복의 기준은 본인만이 알 수 있지 남이 기준을 정할 수 있는 것이 아니기 때문입니다. 어린 시절 이후로 잊어왔던 소소한 즐거움을 향유하는 것을 다시 찾아야 합니다. 그리고 행복의 스펙트럼은 작은 꿈의 성취에서부터 큰 꿈의 성취까지를 모두 포괄한다는 것을 이해해야 합니다. 행복을 위한 연습은 작은 꿈의 성취부터 시작해야 합니다. 작은 꿈을 실천하면 성인이 되면서 주입되었던 남과 비교를 통한 상대적인 행복추구에 대한 욕심이 줄어들게 됩니다. 욕심이 줄어들게 되면 호르몬 작용을 통한 긍정적인 뇌로 바뀌면서 행복이 지속되는 시간은 더 넓어질 수 있게 됩니다.

많은 사람이 행복은 작든 크든 간에 욕구를 채우는 것으로 생각하는 경향이 있습니다. 물론 행복은 꿈들을 누리고 채워가면서 얻어질 수도 있지만, 오히려 비워가면서 느껴질 수도 있습니다. 최근 유행하는 미니멀 라이프minimal life와 같이 단순함과 간결함을 실천하는 삶은 소유욕에서 비롯된 마음의 짐을 버리고 홀가분한 즐거움을 느끼게 합니다. 비유하자면 행복이라는 컵은 채워나가는 플러스(+) 과정과 비우는 마이너스(-)과정의 연속입니다. 채워나가지 않으면 변화 없이 세상의 일에 초연한 은둔자의 삶으로 남을 수밖에 없습니다. 따라서 소소한 즐거움으로 채워나가는 행복은 경험을 통해 다양한 것을 포용하는 마음을 고양하게 됩니다. 반면 채워진 무언가를 비우지 않으면 썩게 마련이기 때문에 용도에 맞게 비워야 합니다. 용노에 맞게 비운다는 것은 누군가에게 가진 것을 주는 것을 뜻합니다. 무언가를 주는 대상이 사람, 동식물 또는 자연이 될 수 있습니다. 비우는 것은 자신은 물론이고 타인을 생각하는 것이 모두를 이롭게 한다는 이타자리(利他自利)의 실천입니다. 자신이 덜 소유하고 나누어 준다는 것이 결국은 다른 이를 위함이기 때문입니다.

행복하기 위해 살아가지만, 현재 사회에 만연해 있는 배금주의와 생존주의적 사고는 행복을 더욱 요원하게 만들고 있습니다. 지금까지 살아오면서 잘못 이해하거나 사회가 만들어 놓은 불행으로 치닫는 관성에서 빠져나와야 합니다. 이러한 관성에서 빠져나오는 방법 가운데 하나가 소소한 행복을 이해하고 실천하는 생활입니다. 최근 사회는 자신의 가치를 최우선으로 하고 빼앗고 뺏기는 경쟁으로만 치닫는 생존 지향적인 사회가 되었습니다. 이에 삶의 다양한 가치들은 소외되고 좋은 직장에 취직하기 위한 수단으로 생존을 위한 공부를 하는 게 현실입니다. 설상가상으로 첨단 정보화시대를 살아가면서 첨단기기에 의해 대체되는 일은 점점 늘어가고 취업 문은 갈수록 좁아지고 있습니다. 비록 치열한 경쟁을 뚫고 가까스로 원하는 회사에 들어갔다고 해도 적성에 맞지 않는다고 나오는 경우도 비일비재합니다. 회사에 남아 있는 사람들조차 생존경쟁에서 이탈되지 않기 위해 안간힘을 쓰는 형국이 되었습니다.

너도나도 대학을 직장에 들어가기 위한 필수코스로 생각하며 들어

가기 때문에 대학은 이미 취업양성소 수준으로 전락하고 말았습니다. 초등학교에서 고등학교까지 대학만을 바라보며 열심히 공부해 대학교를 준비하던 시간, 취업 준비를 하던 시간은 희생됐습니다. 합격이라는 오직 잠깐의 성취감을 얻기 위해 소소한 행복들은 소외된 것입니다.

행복은 절대적인 것이 아닙니다. 저마다 행복을 상대적으로 인식하게 됩니다. 그렇기에 천편일률적으로 시험공부를 하고 대학을 가고, 한정된 직장에 들어가서 일을 하고 돈을 번다는 목표가 모든 사람에게 똑같은 행복을 가져다주지는 않습니다. 국가의 경제적 성장과 함께 정신없이 달려온 중장년 부모들이 배워온 것은 공부의 진정한 맛을 찾는 것이 아닌, 공부를 통한 신분적 상승과 경제적 안정이었습니다. 하지만 현재 시대에서 개천에서 용이 나는 경우는 극히 드문 게 현실입니다. 부모의 사회적 지위와 경제력이 뒷받침되지 못하면 신분의 상승이라는 것이 어려울 수도 있습니다.

그렇다면 좋은 대학과 사회적으로 인정해주는 직업을 갖게 되는 것이 과연 행복을 가져다주는 것일까요? 명예와 부를 가지고 있는 사람들은 과연 행복할까요? 이러한 명제는 중요하지만 진지하게 고민하고 행복의 의미를 탐구하는 사람들은 많지 않습니다.

소소한 행복을 실천하는 학습이 어린 시절부터 안 되어있으면 행복을 오히려 멀리서 찾고, 잘못된 사회의 관성을 따라가면서 불행해지는 자신을 발견하게 됩니다. 멀게만 느껴지는 명예와 부를 추구하는 것이 행복의 모든 것을 반영하지는 않습니다. 단지 명예와 부는 행복의 요소 중에서 일부일 뿐입니다. 행복을 가까운 곳에서 찾는 연습이 필요합니다. 행복을 찾는 연습을 위해서는 소소한 행복이 무엇인지를 명확하게 개념을 이해하고 위에서 살펴본 바와 같이 5대 향유의 범주를 통해 골고루 경험해 보아야 합니다.

이전 세대보다 물질적으로 더 풍요로워졌지만 행복하지 않은 이유는 무엇일까요? 작은 것을 소중히 하고 감사하는 마음이 줄어들었기 때문입니다. 이제는 행복에 대한 패러다임이 변해야 하는 시기입니다. 더 소중한 가치가 무엇인지, 소소한 행복이 무엇인지를 되물어 보면서 오롯이 드러나는 진정한 가치들을 찾아야 할 시기가 된 것입니다.

큰 꿈이라고 해도 쪼개면 작은 꿈의 가치로 나누어져 있습니다. 의미 있는 하루하루 작은 꿈의 가치를 실천하게 되면 도미노처럼 더 큰 꿈의 조각을 넘어뜨리게 됩니다. 그러면 꿈의 가치 증식 과정을 통해 어느 순간 커져 있는 꿈의 가치를 이룰 수 있는 날이 온다는 것을 이해할 수 있을 것입니다. 이처럼 행복은 작은 꿈의 조각들조차도 소중히 하고 실천을 하는 습관에서 비롯됩니다. 더 나아가 다른 사람들과 꿈을 나눌 수 있는 가치라면 즐거움은 배가 될 것입니다. 화합과 나눔은 가볍고 작은 것을 무시하지 않고 소중히 여기는 사람들과의 관계에서 이루어집니다. 이 시대를 살아가면서 행복을 더 쉽게 이해하고 누군가에 도움이 되는 삶으로 새롭게 적응해 나가는 방법이 무엇인지를 이 책을 통해 발견하기를 바랍니다. 끝으로 칠순이 되신 부모님께 사랑하고 감사하는 마음을 이 책으로 대신하고 싶습니다. 그리고 어느덧 청소년이 되어 훌쩍 커버린 대성이와 아영이처럼 좌충우돌하는 청소년들이 가족이 밝게 변하면서 소소한 즐거움의 맛을 일찍 경험할 수 있기를 간절히 기원합니다.

2017년 따스한 봄을 맞이하며

안 홍 근

Chapter 1

소소한
꿈과 행복

Enjoy

the little

Things

It's

the little things

that make

life big

소소한 행복이란

꿈을 추구하는 것은 행복하기 위해서입니다. 행복하기 위해서는 날마다 즐거움을 향유하고 새로워지는 습관이 필요합니다. 하지만 날마다 즐겁고 새로움을 향유하는 날을 유지하기 위한 실천이 습관으로 이어지기란 쉽지만은 않습니다. 대다수 사람이 꿈은 이루기가 쉽지 않은 것으로 이해하기 때문입니다. 꿈을 이루기 위해서는 시간이 오래 걸리거나 많은 노력이 필요하다고 생각하기 때문에 실천에 옮기는 데 어려움을 겪게 됩니다. 그런 이유로 고되고 힘든 인내의 시간을 어떻게 인내할까 고민하다가 지레 포기하게 되는 경우가 많습니다.

그렇다면 꿈을 이루는 것은 열정과 인내심이 있는 사람들에게만 해당하는 것일까요? 열정은 삶을 살아가는 데 필요한 요소임에는 틀림이 없지만, 과도한 열정은 몸을 상하게 하고 시야가 좁아지면 자신의 이익을 위해 타인을 희생시키는 삶으로도 변질할 수도 있습니다. 삶의 괴로움과 어려움을 인내하며 꿈을 성취하는 것 또한 보람된 삶이긴 하지만 과정의 순간들을 즐기지 못하고 먼 곳만을 바라보며 외롭게 달려갈지도 모릅니다.

　꿈이란 이루기 힘들고 참고 견뎌야 하는 것으로 이해한다면 꿈을 이루어가는 과정은 행복하지 않을 수 있습니다. 꿈을 성취한 후 느끼는 잠시의 행복감을 위해 과정을 희생한다는 것은 행복을 추구한다는 본질에 어울리지 않습니다. 성취를 통한 행복감을 얻어도 그 행복감의 강약에 따라 공허함도 같이 비례해서 커집니다. 마치 화창한 봄날 봉긋이 피어난 목련의 아름다움에 심취하다가도 시간이 지나서 사방으로 잎사귀가 축 처지고 갈색으로 변색한 모습에 실망하는 느낌처럼 말입니다.

　이제는 꿈에 대한 정의를 다시 하여 순간으로 이루어진 시간 속의 과정에 행복을 느낄 수 있는 법을 찾아야 하지 않을까요? 사람들은 저마다의 행복을 추구할 권리가 있고 행복을 찾는 공부를 하기 위해 태어났습니다. 많은 성자가 말하고자 했던 공통적인 부분은 작은 것에 감사하고 자신뿐만 아니라 타인도 같이 이롭게 하는 자리이타(自利利他)의 마음을 가져야 한다는 것입니다. 따라서 꿈을 추구한다는 것은 결과를 떠나서 그 과정 역시 즐거워야 합니다. 그리고 자신도 즐겁고 타인에게 해를 입히지 않으면서 오히려 즐거움을 줄 수 있는 삶이 바로 꿈을 추구하는 삶이라고 생각됩니다.

　삶을 힘들게 하는 번뇌와 스트레스는 거창한 꿈과 소유욕 그리고 남들과 비교에서 오는 상실감에서 비롯됩니다. 거창하고 원대한 꿈을 추구하다 보니 주변에서 흔히 찾아내어 행복을 느낄 수 있는 소소한 일상 속에서의 가치는 가려지게 됩니다. 제철에 난 과일이 당도도 높고 싱싱하며 맛도 좋듯이, 하루하루 변화하는 일상에 맞추어 소소한 가치를 찾아낸다면 새로움은 더할 것입니다. 자신이 속한 공동체 사람들과 교감을 나누고, 자연의 아름다움을 감상하고, 자녀가 건강하게 자라는 모습을 지켜보고, 좋아하는 음악을 편안한 의자에 앉아 차 한잔과 함께 듣는 시간처럼 여유로움을 느끼게 하는 작은 실천을 통해 느끼는 감정이 바로 소소한 일상 속에서 향유되는 행복이라고 할 수 있습니다.

소소한 일상을 향유하는 것은 다음의 5가지로 분류할 수 있습니다.
첫째는 감각적 향유입니다. 오감(시각, 청각, 후각, 미각, 촉각)에 의해 아름다움과 미적인 것을 즐기는 향유가 바로 감각적 향유입니다. 아름다운 경관 또는 예술품을 보며 감탄하거나, 좋아하는 음악을 듣고, 맛있는 음식을 먹으며 느끼는 즐거움의 향유가 감각적 향유의 예로 볼 수 있습니다.
둘째는 창조적 향유입니다. 창조적 향유는 혼자 또는 같이 어울려서 하는 놀이처럼 부담 없이 즐기는 마음에서 생깁니다. 취미 활동 및 그러한 활동에 대한 결과물을 통해 즐거움을 느낄 수 있는 것이 창조적 향유입니다. 스포츠, 예술, 학문연구 등 스스로 즐겁게 몰입하는 경험은 잠재된 능력을 끌어내게 되어 자신의 가치를 더욱 향상할 수 있습니다.

셋째는 성취적 향유입니다. 무언가에 도전하지 않는다면 삶은 단조롭고 변화가 없을 것입니다. 목표를 정하고 도전하는 과정을 즐기고 성취를 통한 자존감을 키워가는 향유가 바로 성취적 향유입니다.

넷째는 관계적 향유입니다. 관계 속에서 상처를 받기도 하지만 사회적 관계를 통해 사람들은 성장하고 기쁨을 얻습니다. 가족, 친구 그리고 지인들과의 관계 속에서 서로 주고받는 즐거움 속에서 얻는 느낌이 관계적 향유입니다.

다섯째는 철학적 향유입니다. 사유를 통해 살아가는 존재의 의미를 깨닫는 순간 잔잔한 기쁨이 차오릅니다. 그리고 명상 혹은 종교생활을 통해 느껴지는 평안과 사랑의 감정은 번뇌를 내려놓는 가벼운 마음에서 나타납니다.

이처럼 위의 5가지 향유는 큰 성취를 통한 행복이라기보다는 소소한 일상에서 느낄 수 있는 작고도 가벼운 행복입니다. 향유는 긍정적인 경험을 뇌에 각인시키는 과정이기 때문에 중독성을 유발할 수 있는 부정적인 면이 강한 쾌락과는 구분되어야 합니다. 예를 들어 술을 마시면 도파민이 분비되어 기분이 좋아집니다. 그러나 과도한 음주의 결과는 다음 날 숙취로 인하여 불편한 기분에 휩싸이게 되는 것을 경험하게 됩니다. 이것이 바로 쾌락보다는 향유를 실천해야 하는 이유입니다.

『인생을 향유하기』라는 책에서는 미각적 향유에 대한 정교하고 의식적인 자각의 예를 보여줍니다.

"좋은 와인은 나에게 절정감을 느끼게 해준다. 그 향기와 맛, 그리고 빛깔은 정말 압도적이다. 때로는 와인이 너무 맛있어서 눈물이 날 뻔한 적도 있다. 한 잔의 와인 속에 담긴 서로 다른 향료, 과일, 꽃, 허브 등을 맛볼 수 있는 능력에 따라 좋은 와인과 안 좋은 와인을 구분할 수 있고, 정말 좋은 와인을 충분히 즐기기 위해서는 시간과 정신적 노력이 필요하다."

이처럼 일상에 대한 의식적인 자각을 통해 주의를 기울이고 관찰을 해 나간다면 관찰과 학습을 통해 즐거움이 발견됨을 알 수 있습니다. 따라서 주변 사물에 의식을 집중하고 정교하게 감각을 활용하는 연습이 습관화되면 나날이 즐거움의 향유로 이어지고 소소한 행복이 찾아오게 됩니다. 소소한 행복을 실천한 내용을 블로그, SNS, 에버노트 등을 활용하여 관찰을 통해 느낀 대로 글을 써보게 되면 더욱더 그 느낌을 잘 떠올릴 수 있을 것입니다. 즐거운 체험과 기록을 통해 되새겨보는 향유하는 과정은 일상 속에서 행복의 느낌을 되살리는 데 도움이 된다는 것을 알 수 있습니다.

일상 속에서 행복을 향유하는 유형은 개인의 성향, 직업, 처해 있는 환경에 따라 다를 수 있습니다. 예를 들어 책과 멘토를 통해 삶의 의미를 알아가는 지적인 활동을 좋아하는 사람은 철학적 향유에 관심이 있고, 그림과 음악 등 예술 작품을 음미하는 예술적 즐거움은 창조적 향유 성향이라고 볼 수 있습니다. 그리고 사람들과의 관계 속에서 즐거움을 얻는 사람들은 타고난 외향성에 의한 관계적 향유에 관심이 있음을 알 수 있습니다. 맛에 관심이 있는 사람들은 오감 중에서 미각에 민감하고, 요리와 같은 감각적 향유에서 즐거움을 얻습니다.

하지만 유념해야 할 것은 향유의 경험은 지금 여기(here and now)를 느끼는 과정이지 순간의 쾌락적인 보상만을 기대하고 빠져들어서는 안 된다는 것입니다. 향유에 대한 기대치가 높아질수록 실망을 유발할 수 있고 지금의 순간을 온전하게 느끼는 것을 방해할 수 있습니다. 소소함을 즐기는 향유를 실천하다 보면 행복은 자극적인 쾌락을 추구하는 것보다는 작고 가벼움 속에서 오히려 여유와 미소가 깃들게 된다는 것을 알 수 있습니다. 작고 가벼운 일상에서도 주의를 둘러보고 관찰해보며 향유할 수 있는 대상들이 많다는 것을 알 수 있습니다. 생각의 전환을 통한 평안함과 감사의 깨달음을 얻게 되는 것, 바로 이것이 소소한 행복을 추구하는 이유입니다.

너무나도 단순하고 익숙해져서 가치 있게 보이지 않을지라도 행복은 단순하다고 여기는 가치에 있을지도 모릅니다. 관심을 기울이다 보면 흙 속에 묻힌 진주 같은 가치를 찾아가는 숨은 행복 찾기의 과정이 소소한 행복을 위한 향유의 과정이 아닐까 생각됩니다.

행복의 공식

행복을 수학적으로 공식화하기는 힘들지만 소소한 행복으로 가기 위한 절차와 고려할 내용이 무언인지는 생각해 볼 수 있습니다. 혹자는 '행복=소유/욕구' 라고 표현하면서 소유하고 있는 것보다 욕구가 적을수록 행복을 느낄 수 있다고도 말합니다. 마음을 비우고 욕구를 절제하는 것은 행복의 기대치를 낮추기 때문에 작은 것에도 감사하고 행복을 느낄 수 있기 때문입니다.

하지만 정신적인 수양이 덜 되어있는 상태에서 무조건 인간적인 욕구를 낮추고 삶을 살아가기 쉽지 않은 것이 평범한 사람들의 일상입니다. 욕구를 낮춘다는 것은 기대치를 낮춘다는 것입니다. 억지로 욕구를 낮추기 위해 노력하기보다는 직접 소소한 행복을 느껴보는 체험을 통해 작은 욕구에서도 행복의 감정이 느껴진다는 것을 습득할 필요가 있습니다. 그렇기에 욕구를 낮추는 것도 중요하지만, 행복을 가져다주는 작은 성취를 통한 만족을 얻는 연습 과정이 필요합니다. 소소한 것에서 행복을 찾는 연습을 하다 보면 어떤 문제든지 해결해 나갈 수 있다는 자신감을 얻게 됩니다. 또한 자신의 기질과 성향에 잘 맞는 일들을 찾는 데 도움을 줄 수도 있습니다. 스트레스를 해소하기 위해 봤던 만화를 통해 직접 만화를 그려보고 싶은 동기를 찾을 수도 있고, 마음을 치유하기 위해 음악을 듣다가 작곡에 관심을 두고 음악을 만들 수도 있습니다. 화분에 씨앗을 심고 물을 주며 정성껏 돌본 결과로 피어난 꽃과 열매를 바라보는 즐거움을 통해 텃밭을 일구거나 전업 농부로 변신할 수도 있습니다. 이처럼 나날이 행하는 작은 행복을 찾는 연습은 습관처럼 체질화되어 저마다 가지고 있는 소중한 기질과 적성들을 발현하게 도와줍니다.

소소한 행복을 찾고 실현해 나가기 위해서는 작은 욕구를 통해 행복을 성취해 나가는 과정을 우선 이해해야 합니다.

행복의 사전적 의미는 욕구가 충족되어 만족하거나 즐거움을 느끼는 상태를 말합니다. 만족과 즐거움을 느낄 수 있다면 거창한 목표달성이나 많은 돈이 들어가지 않더라도 할 수 있는 많은 일이 있습니다. 사람들의 기호가 저마다 달라서 행복을 느끼는 것도 상대적입니다. 그렇다고 해서 향유하고 싶은 욕구의 범주가 제각기 다른 것은 아닙니다. 향유하고자 하는 욕구의 범주는 감각적, 창조적, 성취적, 관계적, 철학적 향유 욕구에서 크게 벗어나지 않는다는 것을 알 수 있습니다.

이러한 욕구의 범주에서 현재 욕구가 무엇인지 떠올릴 수 있다면 행복으로 가는 여정이 시작됩니다. 욕구는 원시적 욕구인 맛있는 음식을 먹고 싶고 마음에 드는 옷을 입고 싶은 지극히 생리적이거나 좋은 것을 가지고 싶은 충동적인 욕구만 있는 것은 아닙니다. 소소한 행복은 자신이 현재 충족되지 못해 불만족해 하는 미충족 욕구보다는 만족스러웠던 경험을 떠올리며 즐거운 상상으로 생성된 욕구를 통해서 시작됩니다.

위의 5가지 욕구 범주(감각, 창조, 성취, 관계, 철학)에서 작지만 즐겁고 만족을 가져다주는 욕구를 먼저 떠올려야 합니다. 연습이 되지 않은 상태에서 막상 떠올리려고 하면 쉽지 않을 것입니다. 그렇다면 하루에 3가지 향유하고 싶은 욕구를 떠올린다면 어떨까요? 숫자 3은 동서양을 막론하고 완성을 의미합니다. 따라서 하루에 작은 실천 목표 3가지는 하루의 소소한 행복을 완성하기 위한 상징적인 숫자입니다. 하루에 실천할 수 있는 목표는 작으면 작을수록 좋습니다. 목표를 달성할 수 있는 확률이 높아지기 때문입니다. 목표는 작더라도 만족할 수 있는 어떤 의미가 부여되면 더할 나위 없이 좋습니다. 하고자 하는 일에 의미가 부여되면 평범한 일상의 일도 가치 있게 변하게 됩니다.

그러나 목표가 정해지고 행동을 하지 않으면 아무런 소용이 없습니다. 무엇보다도 중요한 것이 행동을 통해 실천하는 것입니다. 행동하기 위해서는 직접 머릿속에서 즐겁고 행복한 이미지와 결과물 연상을 통한 동기부여가 되어야 합니다. 관심의 에너지가 지속해서 목표하는 일에 집중되면 구체적인 시간과 장소 그리고 대상을 정하는 행동으로 이어지게 됩니다. 행동을 통해 경험하는 것은 동적 체험과 정적 체험으로 나누어집니다. 동적 체험은 보고, 듣고, 먹고, 말하는 것과 같이 오감에 의해 경험할 수 있는 체험이고, 정적 체험은 명상, 기도와 같이 정신적인 평온함과 깨달음을 위한 체험으로 볼 수 있습니다.

행동을 통한 체험에서 목표달성이란 무엇을 의미할까요? 소소한 체험을 통한 목표달성은 여유, 깨달음, 건전한 교류를 통한 사회적 관계를 적절하게 유지함으로써 느낄 수 있는 즐겁고 따뜻한 무형의 감정을 예로 들 수 있습니다. 무형의 감정 외에 유형의 목표달성 효과로서는 무엇인가를 소유하게 되거나 꾸준한 운동으로 체력을 증진하며 건강을 유지하는 것처럼 눈으로 볼 수 있는 것이 될 수도 있습니다.

목표달성이 만족스럽게 이루어지면 긍정적인 정서인 즐거움, 안락함, 자유로움, 사랑, 환희, 자부심 등의 감정을 느낄 수 있습니다. 이러한 긍정적인 정서를 통해 비록 큰 기쁨과 즐거움이 아닐지라도 작고 은은한 소소한 행복이 찾아올 수가 있습니다. 소소한 행복 경험을 이룬 후에는 하루를 마감하며 갈무리하여야 합니다. 행복을 갈무리할 수 있는 좋은 방법은 행복일기를 쓰는 것입니다. 하루에 일어난 3가지 행복한 꿈의 실천 일기를 적으며 마감한다면 좋은 긍정적 정서를 두뇌를 통해 무의식으로 차곡차곡 저장됩니다. 나날이 긍정적 경험으로 쌓인 행복한 감정들의 저장고가 커질수록 불만족으로 인한 스트레스는 점점 줄어들 수밖에 없습니다.

예를 들어 전에 새롭게 발굴한 한적하고 예쁜 인테리어의 카페에서 여유롭게 커피를 마셨던 기억은 나른한 오후 여유로운 시간을 보내고 싶은 욕구를 자극합니다. 일에 치이면서 힘들어진 심신을 이완시키기 위해 자신에게 작은 보상을 하고자 하는 욕구가 생기고 목표를 정하게 합니다. 이러한 욕구를 통한 목표가 정해지면 커피 브랜드와 장소를 찾게 되고 한 잔의 커피와 함께 즐거운 시간을 같이할 친구 대상을 정하게 됩니다. 목표는 행동으로 이어져 친구에게 전화해서 시간과 장소를 정하게 되고, 결국 약속된 장소에서 원했던 커피 맛과 기호에 맞는 음악 그리고 친구와의 즐거운 대화를 나누는 목표를 달성합니다. 커피 한 잔의 여유와 즐거운 교류의 목표가 달성되게 되면 즐겁고 편안한 감정으로 심신이 안정됨으로써 기분이 좋아지면서 욕구를 통한 목표달성에 만족스러운 감정이 생깁니다. 만족은 즐거움을 느끼게 하는 신경전달물질인 도파민 또는 심신의 안정을 느끼게 하는 세로토닌의 분비를 촉진합니다. 행복 호르몬인 도파민과 세로토닌으로 인해 만족스러운 기분은 두뇌에 저장되어 추후 즐거운 경험을 떠올리게 되면 긍정적 욕구 생성에 영향을 미치는 순환고리가 형성됩니다.

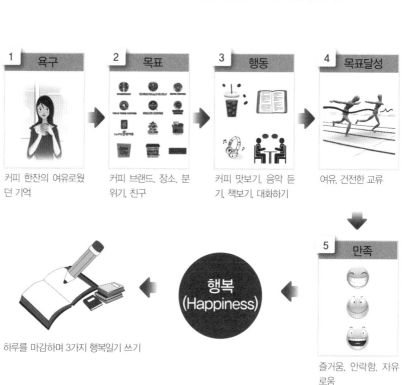

1 욕구
커피 한잔의 여유로웠던 기억

2 목표
커피 브랜드, 장소, 분위기, 친구

3 행동
커피 맛보기, 음악 듣기, 책보기, 대화하기

4 목표달성
여유, 건전한 교류

5 만족
즐거움, 안락함, 자유로움

행복
(Happiness)

하루를 마감하며 3가지 행복일기 쓰기

    긍정적 욕구에 의한 소소한 행복의 경험이 나날이 쌓이면 쌓일수록 더욱 큰 꿈도 머지않아 실현될 수 있는 계기가 마련될 수 있습니다.

    인간의 욕심은 끝이 없습니다. 허황하면서 이기적인 욕심을 채워나가는 것은 결국 나중에 가서 공허할 뿐입니다. 자신은 물론이고 다른 사람에게 해가 되는 욕심에서 긍정적인 작은 욕구로 변화하기 위해서는 감사라는 화학적 양분이 뿌려져야 합니다. 소소한 행복을 찾는 것은 감사가 밑바탕에 깔렸기 때문입니다. 감사할 것을 찾는 것이 소소한 행복을 찾는 일이고 감사하는 마음의 준비가 되어있지 않는다면 소소한 행복의 참맛을 알 수가 없기 때문입니다.

꿈과 오행의 원리

　많은 사람이 꿈을 꾸며 삽니다. 지금보다 행복한 인생을 위해 그 꿈을 성취하기 위해 달려갑니다. 사람들이 꿈을 추구하는 이유는 무엇일까요? 꿈을 추구하는 것은 꿈 너머에 행복을 얻게 될 것이라는 기대감 때문일 것입니다. 하지만 꿈을 성취한 후 느끼던 행복감은 오래가지 못하고 상실감에 빠지는 경우가 많습니다. 꿈에 대한 전체적인 구조를 이해하지 못하고 맹목적으로 꿈의 목표를 향해 달려갔기 때문이죠. 꿈의 전체 구조를 이해한 후에야 현재 추구하는 가치가 무엇인지 알 수 있고 다음으로 어떤 꿈으로 넘어갈지 파악할 수 있습니다.

　행복을 줄 수 있는 꿈이라면 어떻게 구분할 수 있을까요? 사람들이 보편적으로 추구하는 5가지 욕구를 통해 찾아볼 수 있지 않을까 생각됩니다. 꿈은 자유, 즐거움, 성과, 안정, 사랑의 5가지 욕구 범주에서 이뤄지는데 놀랍게도 이 흐름은 자연의 흐름과 유사하게 연결돼 있습니다.

　먼저, 자유는 봄의 기운에 해당합니다. 봄이 겨우내 추위에 움츠렸던 기운을 자유롭게 밖으로 발산하듯이 자유의 욕구도 무언가 억눌렸을 때 밖으로 표출하고자 하는 욕구입니다. 따라서 가두었던 틀을 벗어나 위로 발산하는 나무(木)의 기운과 같습니다.

두 번째, 즐거움은 여름의 기운에 해당합니다. 자유를 만끽하고 생동감을 찾게 되면 즐거움을 서로 나누고자 합니다. 새로운 것을 창조하고 자신이 가진 기질을 충분히 발휘하면서 다른 사람이나 사물과 즐기고자 하는 것은 사방으로 뻗어 나가는 기운인 불(火)의 기운입니다. 세 번째, 사랑은 계절과 계절을 연결하는 기운에 해당합니다. 조건 없이 나누고자 하는 사랑과 봉사의 마음은 아픔을 나누고, 가지고 있는 것을 스스럼없이 주며 포용하는 대지(土)의 기운과 같습니다. 그리고 네 번째 성과는 가을의 기운입니다. 가을은 결실의 계절입니다. 그동안 목표로 해왔던 것을 성취해내는 진취적인 에너지가 바로 가을입니다. 무언가 응축되며 수렴된 것을 형상화하는 기운인 결실(金)의 기운과도 같습니다.

마지막 안정의 욕구는 기운을 발산하고 형상을 만들어내면서 소진된 에너지를 더욱 안으로 수렴하고 비축하려고 하는 겨울의 기운입니다. 외부와 소통하고 교류하면서 상실한 에너지를 비축하기 위해 안쪽으로 수렴하고 내면을 들여다보게 됩니다. 자신을 낮추고 내일의 준비를 위해 휴식을 취해가는 과정으로 낮은 곳으로 흘러가는 물(水)의 기운과 같습니다.

이처럼 자유에서 즐거움으로 기운이 사방으로 발산하고 즐거움의 기운이 극에 달하면 외부와 내부의 에너지가 균형을 이루는 사랑에서 에너지를 응축시켜 형체를 만들어내는 성과와 다시 자신과 주변의 소중한 것을 찾는 안정으로 이어지는 과정은 음양오행의 상생과 유사함을 알 수 있습니다.

또 음양오행 상극의 원리도 5대 욕구에 대입해볼 수 있습니다. 자유를 갈망하는 욕구인 목(木) 기운이 지나치면 다른 사람과 사물들과의 관계를 통해 베풀고 나누는 사랑인 토(土)의 마음을 놓칠 수 있고, 즐거움의 욕구인 화(火)에 치우쳐 있으면 취미나 놀이에 빠져들어 목표를 세우고 성취를 하고자 하는 금(金)의 욕구가 줄어들 수 있습니다. 또 사랑인 토(土)의 욕구는 자신이 가진 것을 나누어주고자 하는 욕구로서 지나치면 현실적인 경제적 문제와 가족과의 보내는 시간을 뺏기면서 경제적인 문제가 생겨 안정의 욕구인 수(水)의 문제를 야기할 수 있습니다. 성과의 욕구인 금(金)이 강하면 자신의 욕심을 채우기 위해 주변을 놓치기 쉽고 성취와 도전의 에너지가 크면 클수록 유형의 결실을 만드는 데 많은 기운을 소진하게 됩니다.

그리고 스스로 성취와 명예를 추구하다 보면 자유를 추구하는 목(木)의 욕구가 줄어들어 여유를 느끼지 못한 채 병들어 갈 수 있습니다. 또한 안정을 추구하는 수(水)의 욕구가 지나치면 자신과 자신의 울타리 안만을 방어하고 보호하려고 함으로써, 타인과 사물과의 교류를 통해 느낄 수 있는 인생의 즐거움을 추구하는 화(火)의 욕구를 모르고 살 수 있습니다.

사람들의 꿈은 이처럼 욕구가 변함에 따라 꿈의 내용도 그에 따라 변하게 되고, 한쪽에 치중된 꿈의 에너지는 다른 상극의 욕구를 제어함으로써 상대적으로 소외되고 이를 통해 갈등을 유발할 수 있습니다. 따라서 인생은 꿈의 욕구를 다양하게 경험하면서 균형을 이루어가야 한층 성숙하고 성장을 해 나갈 수 있는 삶을 살아갈 수 있습니다.

오행과 꿈 욕구 상관관계

꿈 욕구에는 상생과 상극의 원리가 내포되어 있음

꿈 욕구별 담긴 오행의 의미

자유 (木)	• 자유는 봄의 기운 • 자유는 겨우내 추위에 안으로 수렴되었던 기운을 자유롭게 발산하고자 하는 기운
즐거움 (火)	• 즐거움은 여름의 기운 • 새로운 것을 창조하고 자신이 갖고 있는 기질을 충분히 발휘하며 외부와 함께 즐기고자 하는 기운
사랑 (土)	• 사랑은 초가을의 기운 • 조건없이 나누고자 히는 사랑과 봉사의 마음을 가지고 있고, 균형감을 가지고 세상을 바라보고자 하는 기운
성과 (金)	• 성과는 가을의 기운 • 그동안 목표로 해왔던 것을 결실로 성취해내고자 하는 물질로 형상화하는 기운
안정 (水)	• 안정은 겨울의 기운 • 외부와 소통하고 교류하며 잃어버린 것을 찾고자 안으로 수렴하면서 휴식을 취하는 기운

원대한 꿈과 소소한 꿈

꿈을 마음속에 새기면 언젠가는 이루어진다는 말이 있습니다. 물론 여기에는 요행을 통해서가 아니라 도전과 열정을 통한 꾸준한 실천이 전제되어 있어야 꿈을 이룰 가능성이 커질 것입니다. 이처럼 꿈을 실현하기 어려운 것으로 만드는 데 장애가 되는 것이 바로 실천입니다. 실천을 어렵게 하는 것은 자신이 달성하기 어렵다고 생각하는 꿈 즉, 원대한 꿈을 꾸기 때문입니다.

원대한 꿈을 꾸는 것이 잘못되었다는 뜻이 아니라 원대한 꿈으로 가기 위한 많은 작은 성취의 과정이 빠져있다는 것을 얘기하고 싶습니다. 작은 꿈이 있기에 상대적으로 큰 꿈이 존재하는 것입니다. 노자는 아무리 이루기 힘든 큰일이라도 사소한 데서 시작된다고 말합니다.

"어려운 일은 어려워지기 전에 손을 쓰고 큰일은 커지기 전에 해결한다. 세상의 어려운 일은 언제나 쉬운 데서 일어나고 큰일은 언제나 작은 데서 시작된다. 그러므로 성인은 결코 큰일을 하려 하지 않으며 이리하여 큰일을 이룩하는 것이다."

어린아이가 어른으로 바로 변하지 않듯이 어른이 되기까지에는 아이와는 다른 성숙한 사고와 신체로 변화하기 위한 과정이 필요합니다. 따라서 주변에서 추앙받는 소수의 천재가 이루어 놓은 일들을 보고 주눅이 들어 쉽게 포기하거나 현실성 없는 허황한 목표를 잡아서는 실패할 확률이 높습니다. 욕심을 내려놓고 하루하루 소소하게 쌓아 온 꿈들의 조각들을 조립하다 보면 전에 생각지 못했던 보다 큰 꿈들의 윤곽이 드러나는 순간을 맞이할 것입니다.

소소한 꿈이란 무엇일까요? 먼저 '소소(小小)하다'라는 것은 한자 의미로 '작고 대수롭지 아니하다'라는 뜻입니다. 작고 대수롭지 않기 때문에 일상에서 소홀히 하기 쉽고, 관심의 대상에서 멀어지기에 십상입니다. 필자가 처음으로 쓴 졸저 『드림셰프』를 출간하기까지 내가 과연 책을 낼 수 있을까? 하고 스스로 수없이 자문하곤 했습니다. 책을 쓴다는 것은 실현하기 힘든 꿈처럼 여겨졌기 때문입니다. 그러나 조금씩 블로그에 올리는 글들이 쌓이면서 어느 순간 하나의 책으로 둔갑하는 일이 생겼습니다. 블로그에 올리는 글들은 삶을 바라보는 생각을 정리하고 소소함을 실천하는 꿈의 작은 조각이었습니다. 필자의 예처럼 작은 소소한 실천들을 통한 꿈의 작은 조각들이 모여 언젠가 새로운 꿈으로 인도해 줄 것이라고 믿습니다. 성공은 작은 성취에서부터 시작하는 것입니다. 소소한 꿈이 모이면 멀게만 느껴졌던 큰 꿈인 원대한 꿈도 어렵지만은 않을 것입니다.

그렇다면 소소한 꿈이란 어떤 꿈을 말하는 것일까요? 바람이 아주 부드럽게 부는 모양을 순우리말로 '소소소'라고 합니다. 소소소 바람(부드러운 바람)이 불어 볼을 스치면 기분이 좋습니다. 이처럼 눈에 보이지 않는 바람결처럼 소소한 꿈은 강렬함은 없지만 작은 기쁨과 행복을 주는 일상 속에서 찾을 수 있습니다. 소소소(小笑昭) 부는 바람에 담긴 꿈은 다음과 같이 세 가지 특성이 있습니다.

첫째, 소소한 꿈은 말 그대로 작아야(小) 합니다. 작고 부담이 없어야 실천하기가 쉽습니다. 작고 부담 없는 행복의 조각을 만들어내는 실천에서 시작한 작은 차이가 미래를 바꾸게 됩니다. 젊은 시절 스티브 잡스Steve Jobs는 리드 칼리지를 반년 만에 중퇴하지만 캘리그래피(서체) 강의에 매료되어 1년 넘게 몰래 듣게 됩니다. 중퇴한 후 캘리그래피 강의를 들으며 보내던 소소한 일상은 퍼스널 컴퓨터에 일대 혁명을 몰고 온 매킨토시에 영향을 미치게 됩니다. 매킨토시 컴퓨터는 지금과 같이 여러 폰트를 선택해 사용할 수 있게 만든 원조로 당시 컴퓨터들 사이에서 큰 혁신을 일으켰습니다. 철학에도 관심이 컸던 스티브 잡스는 청년 시절 동양철학에 심취하게 되는데 이때 깨달은 경험은 작고 단순함이라는 철학을 신봉하게 되고 그가 출시한 제품에 담게 됩니다.

둘째, 소소한 꿈은 즐거워야(笑) 합니다. 오감이 만족해야 즐거워질 수 있습니다. 눈이 즐거우면 행복을 느낄 수 있습니다. 아름다운 것은 눈을 통해 봐야 느낄 수 있습니다. 계절마다 바뀌는 일상의 배경 속에서도 꽃이 피고, 비가 오고, 눈이 내리는 아름다움을 의식하면 자연 속에서 풍류를 즐길 수 있습니다. 배려하는 사람들의 눈빛과 미소를 보는 것 또한 눈을 통한 즐거움입니다.

입은 맛을 느끼는 기관입니다. 미각을 통해 5가지 맛(신맛, 쓴맛, 단맛, 매운맛, 짠맛)의 즐거움을 느끼고 골고루 섭취된 영양소는 몸을 건강하게 합니다. 몸은 날마다 섭취하는 음식을 통해 유지가 됩니다. 자신에게 맞는 적정한 음식과 절제된 식습관은 건강을 유지하게 하고 건강한 신체는 마음의 평안과 연결됩니다. 차 한잔을 통한 맛과 향을 음미하는 여유도 작지만 소소한 즐거움을 줄 수 있습니다.

이외에도 좋아하는 음악을 들으며 귀를 즐겁게 하고, 향긋한 내음을 만끽하며 코를 즐겁게 하며, 더운 날씨에 시원한 물에 몸을 담그면서 피부를 즐겁게 하는 것은 작지만 일상에서 잊기 쉬운 소소한 즐거움입니다. 이처럼 소소한 꿈은 오감을 통해서든, 다른 사람들과의 교류를 통한 공감이 형성되었을 때 생기는 즐거움으로 느낄 수 있습니다.

셋째, 소소한 꿈은 밝고(昭) 따뜻해야 하며, 다른 사람에게도 밝고 따뜻한 기운을 나누어 줄 수 있어야 합니다. 받는 즐거움도 있지만 주는 즐거움도 있습니다. 나눔의 실천은 즐거움을 가져다줍니다. 부담

없이 줄 수 있고 조건없는 나눔의 실천은 실은 거창한 것이 아닙니다. 꾸밈없는 밝은 미소가 주변을 환하게 밝힐 수 있고, 따듯한 말 한마디에 힘을 얻게 할 수도 있으며, 소박한 요리를 통해서도 즐거움을 나눌 수 있기 때문입니다. 베푼다는 뜻을 가진 불교의 보시(布施) 가운데도 진정한 보시는 '무주상보시(無住相布施)'입니다. 무주상보시는 보시를 했지만, 마음속에 보시했다는 의식이 없는 보시를 말합니다. 주고 바라는 것이 없어야 진정한 나눔의 즐거움을 느낄 수 있습니다.

작고 소박한 것으로부터 출발해야 부담이 없습니다. 원대한 목표만을 바라보는 것은 자칫 좌절과 포기라는 부정적인 수식어를 낳기 때문입니다. 작은 것을 찾는 것은 기대치를 줄이고 욕심을 버린다는 것을 의미합니다. 욕심을 버릴수록 소소한 행복을 찾을 수 있는 감사할 대상이 생각보다 많다는 것을 느낄 수 있을 것입니다.

소소소 바람(부드러운 바람)과 같이 강하지 않고 부드럽게 불며 청량감을 줄 수 있는 일상의 소소한 행복으로도 만족스러운 삶을 살아갈 수 있습니다. 더 나아가 뜻을 같이하는 소소한 꿈들을 가진 사람들이 모여 서로 긍정적인 소통을 하게 되면 진정으로 소중한 가치를 찾게 하는 긍정적 태풍의 기류가 형성될 수도 있을 것입니다.

미니멀 라이프 속에 진정한 가치 찾기

나이를 먹어가면서 새롭게 알게 된 사실은, 태어날 때는 빈손으로 왔어도 사람들과의 관계와 소유한 물건들은 점점 늘어난다는 것입니다. 어린 시절 장난감만으로도 만족했던 욕구는 어른이 되면서 취미 생활에 필요한 도구들과 집과 자동차 등 대상이 바뀔 뿐 소유하고자 하는 욕구는 변하지 않는다는 것을 알 수 있습니다.

사람이 한 번에 주의를 기울일 수 있는 정보는 5~9개라고 합니다. 많은 것을 소유해도 모든 것에 주의를 기울일 수 없으므로 결국 관심의 대상에서 멀어지는 것들이 생길 수밖에 없습니다. 아무리 많은 것을 소유해도 즐겨 찾는 것은 한정될 수밖에 없다는 것입니다. 불필요한 것을 선별하여 버릴수록 진정으로 가치 있는 대상이 고스란히 드러나게 됩니다. 이처럼 버릴 수 있는 용기가 생기면 욕심이 줄어들고, 욕심이 줄어들면 마음의 평온함이 찾아오는 계기가 됩니다.

최근 유행하고 있는 미니멀리즘은 가장 단순하고 간결함을 추구하는 문화적인 흐름입니다. 원래 2차 세계대전을 전후로 예술 분야에서 나타났으나 최근에는 유럽, 일본 등 선진국 삶의 방식에 적용되면서 관심을 받고 있습니다. 산업이 발전해 나갈수록 개인의 세분된 욕구를 충족하기 위한 제품과 서비스가 다양해지고 고도로 발달한 회사의 마케팅으로 소비자들은 현혹됩니다. 결국 지름신이 강림하여 무엇에 홀린 듯이 구매하게 되고 잠시 소유하게 된 기쁨을 만끽할 것입니다. 하지만 관심을 받았던 물건도 얼마 지나지 않아 집 구석 어딘가에 처박혀있어 찾지 않는 신세가 됩니다.

　버려야 비로소 진정으로 가치 있고 소중한 것만이 남게 됩니다. 불필요한 것을 줄이고 단순함을 추구하는 미니멀 라이프 속에 행복에 대한 해답이 숨겨져 있을 수 있습니다. 불필요한 것을 버리는 일은 집착을 끊는 연습입니다. 추억이 담긴 물건, 나중에 사용하게 된다고 남겨두었던 물건 등을 최근에 본 기억이 언제였을까요? 추억이 담긴 물건을 꺼내볼 때 그 시절 즐겁고 행복했던 기억에 잠시 젖어들 수는 있습니다. 하지만 그것도 잠시 기억에서 잊히다가 가족 누군가의 손에 의해 쓰레기에 휩쓸려서 분실하기도 합니다. 분실하면 아쉬운 마음이 들겠지만 그래도 그것 때문에 마음이 아파서 잠을 못 이룰 정도는 아닐 것입니다. 나중에 사용할 수 있다고 남겨두었던 물건들도 마찬가지입니다. 오랫동안 방치가 되다가 유행이 지나버리기 일쑤입니다.

소소한 행복은 물건에 대한 소유욕보다도 새롭고 즐거운 경험에 대한 욕구에서 쉽게 찾을 수 있습니다. 물건은 쌓이면 공간을 차지하고 오래되면 처분하게 되지만, 경험은 평생 기억 속에서 쌓여가고 언제든지 끄집어낼 수가 있습니다. 물건은 유지관리 비용이 들어갈 수도 있고 그 물건에 대한 집착이 지나치게 되면 추가비용과 스트레스를 해소하기 위한 비용이 더 추가될 수 있습니다. 예를 들어 차를 소유하게 되면 차를 구매하는 비용 외에도 보험료, 세금, 주유비용 및 유지관리 비용이 들어갑니다. 또한 꽉 막힌 도로, 위험한 질주를 하는 차들 속에서 스트레스가 쌓이고 스트레스를 풀기 위한 부가적인 비용이 들어갈 수도 있습니다. 하지만 경험은 초기 비용이 들어갈 수도 있거나 안 들어갈 수도 있지만, 시간이 지날수록 새로운 아이디어 혹은 콘텐츠로 창출될 수 있습니다. 주변에서 인정받는 아이디어와 콘텐츠라면 오히려 돈을 벌 수 있는 계기가 만들어지게 됩니다.

TV나 인터넷에서 광고하는 상품과 서비스는 그것을 얻으면 당장 행복을 얻게 될 것처럼 미화되고 포장됩니다. 행복은 돈으로 사서 얻게 될 수 있지만 그러한 행복은 오래가지 않습니다. 행복은 작은 것을 소중히 하는 마음가짐에 달려있습니다. 현재의 화려한 물질문명은 행복을 얻기 위해서는 돈을 많이 벌어야 대우를 받고 인정받는다고 사람들을 세뇌하고 있습니다. 자신의 가치를 돈과 스펙으로 치장하는 것은 자신의 나약함을 인정하는 것과 같습니다. 사람들은 어린 시절부터 성인이 될 때까지 겪어왔던 경험 중에서 좌절과 열등감을 겪게 되면 본연의 모습을 드러내는 것을 두려워하게 됩니다. 그래서 돈과 스펙 그리고 다른 것으로 자신을 가리기 위해 가면을 쓰게 되는 것입니다.

자신을 소중히 여기고 사랑하는 삶은 외부에 보여주기 위해 치장한 가면을 쓴 삶이 아닙니다. 외적인 것이 아닌 내면을 성장시키는 경험을 하는 삶이고, 똑같은 환경 속에서도 행복해 보이지 않았던 면을 행복하게 바라보는 여유를 찾는 삶이 자신을 소중히 여기는 삶입니다.

우리나라 경제는 저성장 국면에 접어들었습니다. 이제 고성장 시대에 익숙했던 생활 방식을 다시 조정할 필요가 있습니다. 당장 필요하지 않은 물건에 현혹되어 소비하는 돈과 어지럽게 엉켜있고 늘어난 인간관계 속에 투자하는 시간을 줄여야 합니다. 불필요한 곳에 한정된 에너지를 써버리게 되면 행복 에너지가 들어올 자리가 없기 때문입니다.

불필요한 것이 많을수록 신경을 써야 할 대상이 많고 그만큼 많은 에너지가 필요하게 됩니다. 저성장 국면에서 살아가기 위해서는 비용을 최소화하면서 간소화된 삶을 살아가야 합니다. 간소한 삶을 살아가려면 주변과 비교하면서 자신을 포장하는 소비의 유혹에서 벗어나야 하겠지요. 소박하면서도 단순한 가치를 추구하는 일상 속에서 진정으로 필요한 것이 무엇인지 드러나고 불필요한 것을 없애는 계기를 마련하게 됩니다.

소유와 비움

행복은 원하는 욕구를 충족하게 되면서 생기는 즐거운 감정이기도 하지만, 가진 것을 오히려 비워가면서도 느낄 수 있는 감정이기도 합니다. 행복은 무언가를 채우려고 하는 플러스(+) 욕구와 비우고자 하는 마이너스(−) 욕구를 통해 만들어집니다.

일반적으로 행복은 의도했든 의도하지 않았든 바라고 있는 무언가를 채웠을 때 느낄 수 있습니다. 하지만 역설적으로 그동안 얻으려고 노력했던 인간관계, 물건 등을 비워내면서 속박된 것에서 벗어나는 자유로움 속에서도 느낄 수 있습니다. 채워나가는 과정은 다양한 경험을 통해 인생을 풍요롭게 하고, 비워가는 과정은 욕심을 줄어들게 하면서 작은 것에 만족하는 여유로움을 만끽하게 합니다.

지금까지 살아오면서 느끼는 것은 무언가를 얻으면서 느끼는 즐거움 뒤에는 공허함과 책임이 따라온다는 것입니다. 사랑하는 사람과 결혼을 하고 아이를 키우는 즐거운 시간이 지나면 다시 행복 이전의 감정으로 돌아오게 됩니다. 남는 것은 부부, 부모로서 책임과 서로 다름을 이해해 나가기 위한 불편을 극복하는 매우 곤란한 과정만이 남아 있습니다.

행복은 소유가 아닌 비움에 있다고 얘기하지만, 인생을 풍요롭게 하는 경험은 소유를 통한 과정에서 비롯됩니다. 물질적인 소유뿐만이 아니라 다른 사람들과의 관계 또한 관계적 소유라고 볼 수 있습니다. 자신과 관계된 다른 사람을 인식하는 것은 소유한 사물처럼 이미 자신의 세계에 들어온 것이기 때문입니다. 물건뿐만 아니라 사람도 신경을 쓸 필요가 없는 대상에 관해서는 관심을 기울이지 않게 마련입니다. 따라서 관심을 기울이는 대상에 대해서는 신경을 쓰게 됩니다. 세상에 태어나서 다른 사람과의 관계없이 정신적인 성장을 이룰 수 없습니다. 부모님의 보살핌 속에 세상과의 첫 관계를 시작으로 나이가 들어가면서 많은 관계 속에서 희로애락을 느끼고 고통과 시련의 시간을 통해 삶을 배워가게 됩니다.

이러한 고통과 시련의 시간은 관계적 정리가 필요함을 일깨워 줍니다. 여기서 소유에서 비움을 통해 홀가분해지는 자유로움과 행복이 찾아옴을 느끼게 됩니다. 하지만 대다수 사람은 그동안 구축해 놓은 관계들이 언젠가는 도움이 될지 모른다는 생각으로 느슨한 연결 관계를 유지해 나갑니다. 이는 마치 물건을 산 후 평소 잘 쓰지 않지만 버리지 못하는 것과 같습니다. 관계의 비만으로 인하여 시간과 정신을 뺏기면서 몸이 활력을 잃고 난 후에야 어쩔 수 없이 관계를 정리해 나가게 됩니다.

그렇다면 비움만이 좋은 것일까요? 모든 사람이 무소유의 삶을 살아간다면 세상이 평화로울지 모릅니다. 무소유의 삶을 살아가는 사람들은 욕심이 없기에 비교하거나 이기적인 소유욕이 없습니다. 무소유의 삶은 정신적으로는 풍요롭고 안정된 삶임은 틀림없습니다. 하지만 인간은 기본적으로 신체적인 욕구인 의식주를 해결할 수 있어야 합니다. 무소유의 삶 속에서도 입을 옷과 먹기 위한 음식, 그리고 잠을 자기 위한 잠자리는 해결해야 합니다. 최소한의 의식주를 해결한다고 하더라도 기본적인 소유를 논하지 않을 수 없습니다.

　문제는 극단적이고 지나칠 때 발생하게 됩니다. 소유욕이 지나치게 되면 항상 자신의 소유보다 욕심이 넘쳐 불행하다고 느낄 수밖에 없습니다. 소소한 작은 소유에 만족할 수 있어야 욕심이 줄어들게 되어 마음이 편안해집니다. 마음이 넉넉해지기에 작은 것에도 만족하게 되고 오히려 다른 사람이 보기에 부족하다고 느낄지라도 그 사람은 남은 것을 기꺼이 다른 사람에게 나누어주면서 기쁨과 즐거움을 얻게 됩니다. 비움에도 극단적인 무소유보다는 적정 수준의 생활을 하는데 문제없는 정도의 소유를 유지하는 것이 좋다고 생각합니다. 적정 수준을 유지하기 위해 버리는 비움의 실천은 진정 소중한 것이 무엇인지 가치를 드러나게 하기 때문입니다.

　소유란 자기 자신에 대한 인식이 작용하는 한 비어있는 것을 채워나가기 위해 언제나 존재할 수밖에 없습니다. 컵은 평소에 비어있지만 비어있기 때문에 쓰임새가 있는 것입니다. 물론 장식품으로 사용될 수도 있겠지만 물을 채우기 위한 용도로 쓰여야 순리에 맞습니다. 그리고 컵에 채워져 있는 물은 마시기 위해 있는 것입니다. 물을 마시지 않는다면 썩게 마련입니다. 따라서 인생은 소유와 비움으로 이어지며 순환하는 과정의 연속입니다.

태어나면서 부여된 이름도 소유라고 볼 수 있습니다. 이름이란 다른 사람 및 사물과 구분하기 위해 만들어진 것입니다. 이름이 지어지면 나와 남이 구분되고 자신에게 걸맞은 페르소나(가면)에 맞는 행동을 하게 됩니다. 이러한 행동은 각기 취향에 맞는 욕구로 분출되어 소유물을 채워나갑니다. 소유하면서 취득된 것은 비단 물건만이 아니라 경험과 지식도 될 수 있습니다. 물건은 언젠가 사라질 수 있지만, 경험과 지식은 머릿속에 영원히 소유되는 무형의 소유물입니다. 경험과 지식이 잘 합성되면 지혜가 생성됩니다. 경험을 쌓게 되는 배움의 과정과 불필요한 것을 비우는 비움의 과정 즉, 여백을 남겨놓은 과정의 사이클을 통해 마치 음양을 간직하면서 돌고 도는 태극(太極)과도 같이 지혜는 더 깊고 넓어집니다.

사계절의 흐름에서 보듯이 꽃은 시들고 잎은 지며 열매는 떨어져 땅에 묻혀 사라지는 것이 자연의 이치입니다. 소유하고자 해도 언젠가는 비워야 새로운 꽃이 피고 열매가 맺을 수 있는 계기를 마련하게 됩니다.

긍정적인 뇌 근육을 만들자

　뇌과학자들의 연구결과에 의하면 뇌는 고정되어 있지 않고 환경 자극으로 변화한다고 합니다. 이처럼 경험과 활동의 영향으로 변화할 수 있는 뇌의 능력을 신경가소성이라고 합니다. 신경도 근육처럼 훈련을 통해 강화될 수 있기 때문에 삶을 긍정적으로 바라보는 습관을 지닌 사람들은 긍정적 근육이 만들어졌다고 볼 수 있습니다.

　자신에게 긍정적으로 도움이 되는 새로운 경험을 하게 되면 뇌 신경 세포가 활성화되고 새로운 기억장치가 만들어집니다. 예를 들어 흥미를 유발하는 즐거운 경험을 하게 되면 뇌 곳곳에 저장되고 필요에 따라 끄집어내어 융합시키면서 창의성을 발휘하게 합니다. 그렇기에 신경가소성이 발달한 사람들은 나이가 들어서도 치매에 대해 더 자유로울 수 있습니다. 흥미를 유발하는 일들은 뇌를 긍정적으로 작용하게 하여 더욱 넓고 깊은 사고를 가능하게 합니다. 반면 의무적으로 하는 일 또는 암기식 공부는 뇌를 오히려 퇴화시킨다는 학설이 있습니다.

이처럼 뇌를 새롭고 흥미로운 것에 노출하는 일은 뇌를 젊게 만드는 활동입니다. 그렇기에 일상 속에서도 새로운 것에 관심을 기울여 보아야 합니다. 새로움에 대한 발견은 어른들에게는 삶의 새로운 활력소가 될 수 있고, 아이들에게는 창조적 사고를 키워주게 됩니다. 하지만 대한민국 교육의 현실은 현재까지는 비관적입니다. 기능적인 일군을 만들기 위해 주입식으로 하는 표준화된 공부로부터 흥미를 갖기는 쉽지 않습니다. 자신의 능력을 한정된 교과 점수로 평가받는 시스템은 대다수 학생의 자존감을 떨어뜨립니다. 그렇기에 공부는 지겹고 힘든 것으로 인식하며 졸업하게 됩니다. 세상의 공부는 무궁무진하지만 한정된 교과목에서 배우는 내용이 전부인 양 착각하고 공부는 의무적인 것으로 판단하는 오류가 발생하는 것입니다.

부모는 아이들이 어릴 적부터 스스로 즐겁고 보람된 일을 찾는 연습을 시키면서 공부에 대한 거부감을 줄여야 합니다. 수학 문제를 풀고 영어 단어를 암기하는 것도 좋지만, 그 과정이 사회에 나와서 크게 도움이 되는 것은 아니라는 것을 성인이 되면 알 수 있는 일입니다. 오히려 작고 소소한 즐거움을 찾아가는 일들을 어릴 적부터 훈련하면 신경가소성을 발달시키고 결국은 창의적인 사고가 배양됩니다. 창의적인 사고가 생기면 인생을 더욱 폭넓은 시야로 바라보게 됨으로써 여러 가지 선택지 중에서 자신의 적성을 쉽게 찾아가게 합니다.

청소년이든, 대학생이든, 사회생활을 하는 직장인이든 나이와 관계

없이 예전에 겪어왔던 다른 사람과 비교하며 불행에 빠지는 오류의 악순환을 끊어야 새로운 길이 열립니다.

남들이 하는 것과 다르게 간다는 것에 대한 두려움은 누구나 있게 마련입니다. 과연 내가 맞게 가고 있는 것일까? 실패하면 어떻게 될까? 생각해보지만 어차피 인생은 미래를 예측하기 어렵기에 두려움과 싸움의 연속입니다. 하지만 소소한 즐거움으로 긍정적 근육을 단련해온 사람들은 미래를 긍정적으로 바라보게 됩니다. 설령 실패하더라도 회복 탄력성이 높기에 실패 속에서 의미 있는 것을 찾아내고 다시 긍정적인 흡수를 할 수 있습니다. 그들은 현재의 자신에게 주어진 것에 감사하는 습성이 있고 과거로부터 현재까지의 경험을 통해 긍정적인 씨앗은 어떤 형태가 되었든 간에 자신이 만족할 만한 꽃으로 피어남을 알고 있습니다. 현재와 연결된 미래 또한 지금 긍정적으로 임하는 현재가 모여서 풍요로운 미래가 만들어지기 때문입니다.

신경가소성은 인간의 뇌는 20대 이후로 퇴화한다는 이론을 뒤엎고 훈련을 통해 똑똑한 뇌를 만들 가능성을 제시합니다. 나이가 들어가며 익숙함에 젖어들면 뇌 근육은 쇠퇴하기 마련이고 결국 치매까지 연결될 수도 있습니다. 반면 새로운 것을 추구하는 인지적인 활동으로 살아가면 나이가 들어서도 건강한 뇌를 유지할 수 있는 것입니다. 미국의 한 대형 수녀원 사례를 보면 긍정적인 삶이 뇌 건강을 유지하는 데 얼마나 중요한지 알려줍니다. 2001년 미국 켄터키 대학교의 댄너Danner교수 연구팀은 수녀원에 보관된 수녀들의 지원 동기서를 분석

하였습니다. 분석한 결과 긍정적인 표현과 감정을 글에 드러냈던 수녀들이 균형 있는 삶을 살아가고 있었고 기대수명도 다른 수녀들에 비해 길게 나타났습니다. 긍정적인 마음을 훈련하는 습관을 발달시키고 평생 꾸준히 그 습관을 유지해온 수녀들이 뇌의 노화에도 예방 효과를 얻을 수 있다는 것을 사례를 통해 알 수 있습니다.

사실 말처럼 긍정적으로 생각하는 습관이 쉽지는 않습니다. 그렇기에 타고난 운명의 흐름에서 벗어나지 못하고 살아가는지도 모릅니다. 그러나 꾸준히 소소한 행복을 추구하고자 하는 노력과 긍정적인 사고의 실천과 경험을 쌓아간다면 뇌는 긍정적인 근육이 생성될 것입니다. 이렇게 생성된 긍정적 뇌 근육은 어떤 상황을 인지하더라도 부정적인 면보다는 긍정적인 면을 찾게 할 것입니다.

긍정적인 삶을 살아가기 위해서는 하루의 소소한 행복을 찾고 즐거움을 경험하며 뇌에 좋은 기억으로 전달하는 습관이 필요합니다. 긍정적인 뇌 근육을 만들어 가는 삶 속에 활력이 있고, 여유가 있고, 은은히 마음속 깊이 전달되는 행복이 있기 때문입니다.

소소한 행복의 순간들

소소한 행복은 성취하기 쉬운 작은 꿈입니다. 가볍고 작지만 소소한 행복을 느끼는 순간은 은은하게 전해오는 편안함으로 저절로 미소짓게 합니다. 저마다의 가치를 추구하는 것이 다르기에 작은 행복에 대한 기준도 다를 수 있습니다. 그래도 보편적으로 공감할 수 있는 소소한 행복은 연령별, 성별, 대상별, 날씨별, 취미별로 나누어질 수 있습니다.

연령별로 나눈다면 청소년기는 지금까지 보호되던 기존 틀에서 벗어나고자 하는 욕구가 강한 시기입니다. 이 시기에는 존경하거나 우상시하는 대상에 대한 추종과 남에게 인정을 받고자 하는 욕구가 강하게 드러납니다. 청소년들이 느끼는 소소한 행복의 예로는 좋아하는 아이돌 또는 연예인을 볼 때 행복을 느낍니다. 그리고 존경하는 선생님 또는 주변 친구들에게 칭찬이나 인정을 받을 때 자신의 존재감을 인식하고 기쁨을 느끼게 됩니다. 용돈을 받을 때, 마음에 맞는 친구들과 어울려 놀 때 얼굴에 웃음꽃이 피어납니다.

청년기는 대학교, 군대를 통해 의무와 책임감을 배우고 실천하는 시기이자 이성에 대해 그리움이 커지는 시기이기도 합니다. 제대한 후 문득 아침 일찍 눈을 떴을 때, 이제 더는 일찍 기상하지 않아도 된다고 느꼈을 때 해방의 즐거움을 느낍니다. 좋아하는 사람과 눈이 마주쳤을 때 심장이 두근거리며 행복해합니다. 젊은 시절 친한 친구들과의 여행은 즐거움은 물론이고, 그때의 행복했던 추억이 기억 속에 오래 남게 됩니다.

노년기에는 오랫동안 기다려왔던 손주를 얻었을 때, 손주들과 함께 보내는 순간에서 행복을 얻을 수 있습니다. 가족을 먹여 살리느라 바쁘게 달려왔던 시간을 뒤돌아보면 자식에 대한 미안함이 남게 되는 것이 바로 이 시기입니다. 뒤늦게 찾아온 여유와 자식에 대한 미안함은 손자들에 대한 애정으로 바뀝니다. 텃밭을 가꾸고, 오랜만에 찾아온 자식들 얼굴을 볼 때, 멀리서 찾아온 자식들에게 무언가를 주고 보낼 때 아쉬움과 함께 아직도 줄 수 있다는 것에 만족해하는 것이 부모입니다.

성별에 따라서 소소한 행복을 느끼는 경우가 다를 수 있습니다. 여성들은 에스트로겐이라는 여성호르몬에 영향을 받는데 에스트로겐은 언어력에 영향을 미칩니다. 따라서 여성들은 언어를 통해 에너지를 집중하고 스트레스를 풀기 때문에 친구들과 수다를 떨 때 행복을 느낍니다. 또한 여성들은 MRI 뇌 연구결과 물건을 구입 후보다는 구입 이전의, 쇼핑을 하는 상황에서 도파민 생성이 더 높게 나타나는 것으로 알려졌습니다. 여성들은 비용 발생 없는 윈도쇼핑 자체를 즐기기 때문에 쇼핑은 레저생활과 같고 서두르지 않고 편안한 윈도쇼핑 속에서 즐거움을 느낀다는 것을 알 수 있습니다. 여성들이 대화를 나누면서 스트레스를 푸는 반면 남성들은 오랜만에 만난 친구들과 술 한잔 기울이거나 같이 무언가를 하는 행동에서 친밀감을 느끼게 됩니다. 쇼핑도 여성과는 달리 남성은 윈도쇼핑 과정 자체보다는 쇼핑에서 획득하는 결과에 만족합니다. 이처럼 행복의 기준이 다르기에 남성과 여성은 기본적으로 추구하는 가치가 다르게 태어났음을 이해할 필요가 있습니다. 이를 이해하지 못하고 자신만의 기준을 요구하면 부부든, 연인이든 힘들어질 수밖에 없습니다.

가족은 행복을 같이 나누고 싶은 대상입니다. 가족과 함께하는 즐거운 시간은 우리를 행복하게 합니다. 이제 막 걸음마를 하는 아이와 손을 잡고 걸을 때, 간식을 사서 아이와 함께 웃으면서 맛있게 먹을 때, 등교하는 아이 손을 잡고 학교에 갈 때, 퇴근 후 집에 돌아와 문을 열었을 때 힘껏 안기는 아이들을 바라볼 때, 엄마 또는 아빠가 사랑한다고 안아줄 때, 아이들이 엄마 또는 아빠 사랑한다고 할 때, 종일 넘치는 에너지로 힘을 다 빼던 아이들이 잠든 귀여운 모습을 볼 때 행복을 느낍니다.

직장인들은 일을 통해 적정한 돈을 받기 때문에 일을 하는 동안에는 자신을 위한 시간을 가질 수 없습니다. 노동은 돈에 대한 대가로 자유를 교환하는 것이기 때문입니다. 그렇기에 일로 지친 몸을 쉬기 위해 자유를 원합니다. 금요일 퇴근 무렵, 치맥(치킨과 맥주)을 먹으며 TV를 볼 때, 휴일 아무 생각 없이 편안하게 소파에 누워서 음악을 들을 때, 피곤함에 지친 퇴근길 지하철 또는 버스에서 빈자리를 발견했을 때, 회사 가는 날인 줄 알았는데 토요일이었을 때 행복을 느낍니다. 의무감에서 해방되었을 때의 자유를 통한 행복을 느끼는 것입니다.

날씨와 관계된 행복은 다음과 같습니다. 봄바람 속에 묻어온 꽃향기를 맡을 때, 더운 여름날 샤워하고 나온 후 맥주 한잔을 마실 때, 흘러가는 구름을 누워서 바라볼 때, 추운 겨울날 따뜻한 방안 이불 속에서 온기를 느낄 때, 온갖 꽃으로 뒤덮인 수목원을 거닐 때, 고즈넉한 찻집 창가에서 내리는 빗소리를 들으며 창문 밖을 바라볼 때, 온 세상을 하얗게 수놓는 첫눈 내리는 길을 걸을 때 우리는 행복을 느낍니다.

청정한 자연을 바라보는 것만으로도 힐링이 되는 경우가 있습니다. 푸른 바다가 펼쳐진 카페 안에서 차 한잔할 때, 동이 터 오르는 모습을 볼 때, 해 질 녘 노을을 바라볼 때, 밤하늘 초롱초롱한 별을 바라볼 때와 같이 비용이 들지 않고서도 주변에 행복을 느끼게 해주는 자연은 항상 곁에 있습니다.

우연히 얻게 되는 만남과 이득도 행복을 가져다줍니다. 오래전에 사두었던 책을 읽으려고 펼쳤다가 책 안에 돈이 꽂혀 있을 때, 옷을 갈아입는데 주머니에서 돈을 발견했을 때, 학교 사정으로 휴강이 되었을 때, 길거리에서 보고 싶었던 사람을 우연히 만났을 때, 라디오에서 우연히 좋아했던 노래를 들었을 때, 삶에서 소중한 무언가의 가치를 문득 깨달았을 때, 풀리지 않던 문제를 해결할 때 행복을 느낍니다.

저마다 취미생활에서 작은 성취를 했을 때 우리는 행복을 얻게 됩니다. 삐뚤빼뚤 가는 자전거가 드디어 쓰러지지 않고 성공했을 때, 좋아하는 영화 또는 드라마를 볼 때, 산행에서 지쳐갈 무렵 드디어 정상에 도착해서 탁 트인 시야를 바라보며 막걸리 한 잔을 마실 때, 좋아하는 책을 마음껏 읽었을 때, 취미를 통해 만든 것을 지인에게 선물했을 때 행복을 느낍니다.

이외에도 아침에 개운하게 일어났을 때, 운동한 후에 마시는 시원한 음료 한잔, 예쁘거나 잘생기지는 않았지만 환한 미소가 아름다운 사람들을 통해 행복을 느낍니다.

위의 사례를 본 것처럼 행복은 멀리 있지 않고 가까운 곳에서 쉽게 찾을 수 있다는 것을 알 수 있습니다. 반복되는 지루한 일상은 변화를 추구하지 않는 소극적인 생각에서 비롯됩니다. 지루함 속에서도 자세히 살펴보면 우리가 발견하지 못한 많은 새로움이 있습니다. 잠시 휴식을 취하며 새로움을 발견하기 위한 여유를 가질 필요가 있습니다.

온통 학업과 일에만 열중하며 보내는 시간들은 성취를 향한 진취적인 행위처럼 보일 수 있습니다. 하지만 휴식 없이 폭주 기관차처럼 달려가는 것은 미래에 대한 불안감으로 인하여 스스로 만든 덫임을 알아야 합니다.

열심히 살고 있다고 생각되는데 허전함이 밀려온다면 잠시 하던 것을 멈추고 무엇이 문제인지를 생각해 볼 필요가 있습니다. 지금 걷고 있는 길이 행복을 향한 길이 맞는지 확인해 볼 필요가 있는 것입니다. 잠시 멈춰 서서 주변을 바라보는 여유로움 속에서 행복의 길을 다시 찾을 수 있고 행복의 꽃은 마음의 연못에 오롯이 드러나게 됩니다.

버킷리스트와 소소 리스트

버킷리스트란 죽기 전에 해보고 싶은 일을 적은 목록을 뜻합니다. 이 용어는 2007년 개봉한 잭 니컬슨Jack Nicholson과 모건 프리먼 Morgan Freeman 주연의 영화 『버킷리스트』 이후에 널리 쓰이게 되었습니다. 이 영화는 시한부 선고를 받은 노인들이 각자의 소망을 실행에 옮기는 이야기입니다. 죽음이 가까워지고 남은 시간이 얼마 안 남았을 때 본인에게 소중한 가치만 드러나게 됩니다. 이 영화 또한 나이가 들고 병이 들어 죽음이 얼마 남지 않았음을 알았을 때 정말 해보고 싶었던 꿈을 다시 찾게 됩니다.

버킷리스트는 원래 교수형을 집행할 때 올라간 양동이를 걷어찬다는 'kick the bucket(죽다)' 라는 속어에서 만들어진 말입니다. 아마도 죽기 직전에 하고 싶었던 일을 못 하게 되면 후회하게 된다는 의미가 담겨 있을 것입니다. 그만큼 버킷리스트에는 후회가 담겨 있습니다. 그동안 열심히 살아왔는데 무언가 가슴이 허전히게 느껴질 때가 있습니다. 공부 또는 일에만 매여 살던 사람들이 정신과 육체가 망가지게 되면 자신을 뒤돌아보게 됩니다. 여기서 두 부류의 사람들로 나누어집니다. 후회하고 한탄하면서 한숨만 짓는 사람들과 뒤늦게 해보고 싶었던 일들을 찾아 나서는 사람들입니다. 후회만 하는 사람들은 이 나이에 해보고 싶은 것을 도전하기에는 늦었다고 체념하는 경향이 있습니다. 늦게나마 실천하는 사람들은 그나마 후회에 대한 마음의 짐을 덜어 놓을 수 있을 것입니다.

버킷리스트는 후회와 간절함이 있습니다. 반면 소소 리스트에는 만족과 편안함이 있습니다. 버킷리스트는 과거를 뒤돌아보고 미래에 추구하고자 하는 가치를 찾습니다. 그러나 소소 리스트는 오직 현재에 기준을 두고 가까운 미래에 바로 실천할 수 있는 것을 추구합니다. 여기서 가까운 미래란 하루를 넘지 않는 시간을 말합니다. 소소 리스트는 자신과 남에게 해가 되지 않는 전제하에 즐거움을 추구하는 꿈 목록입니다. 무엇보다도 소소 리스트는 실천을 중요시합니다. 버킷리스트는 소소 리스트보다는 실천하기까지의 긴 시간이 필요합니다. 그렇기에 실천하기까지 마음이 여러 번 바뀌고 결국 작심삼일의 결과를 초래합니다. 삶은 순간순간 환경변화에 따라 생각과는 달리 움직이는 경우가 많습니다. 그래서 버킷리스트에 대한 계획 실천을 더욱 어렵게 만들게 되는 것입니다.

예를 들어 올해에는 가족이 해외여행을 가고 싶다고 연초에 계획을 세웠다고 가정해 봅니다. 그렇지만 가족 중에 누군가 일 때문에, 건강상의 문제로 일정에 차질이 생길 수도 있습니다. 여기저기 들어간 가족 경비로 인해 여행비용에 문제가 생길 수도 있습니다. 이처럼 아무리 체계적으로 계획을 세웠다고 해도 계획대로 움직이지 않는 환경변수가 발생할 수 있다는 것입니다. 계획을 세우는 것에 문제가 있다는 것은 아닙니다. 단지 버킷리스트를 만들며 꿈을 이루기까지 인내하고 소망하다가 변수가 생기면 후회하고 자책할 수 있다는 것을 알 필요가 있다는 것입니다. 버킷리스트를 이루기 위해서는 막연한 계획보다는 눈앞에 보이는 씨앗을 심는 작업이 필요합니다. 눈앞에 보이는 씨앗을 심는 작업이 소소한 일상에 대한 행복 찾기입니다.

소소 리스트는 일상 속에서 쉽게 실천할 수 있는 행복 찾기 게임과 같습니다. 하루하루 심는 소소한 즐거움의 씨앗이 자라서 계획했던 꿈들이 하나씩 드러나게 될 것입니다. 따라서 소소 리스트는 버킷리스트에 우선해서 실천해야 할 작은 꿈의 목록입니다. 가족이 해외여행을 가기에 앞서서 가족 구성원과의 원만한 유대관계가 필요합니다. 가족 구성원 모두가 서로 믿음과 사랑이 있어야 여행을 가서도 즐겁기 때문입니다. 가족여행은 구성원 모두가 행복하기 위해 가는 것이지 가족 구성원 누군가의 행복만을 위해 억지로 동행하는 것은 진정한 가족여행이 아닙니다. 그렇기에 하루하루 가족이 서로 조금씩 가까워지고, 이해할 수 있는 관계로 발전해 나가기 위한 소소한 실천이 필요합니다. 하루하루 이러한 소소한 실천들이 모여 소소 리스트가 됩니다. 그리고 소소 리스트들이 모여서 버킷리스트 꿈들을 이루게 됩니다.

작은 것을 소중히 할 수 있어야 만족은 더 커질 수 있습니다. 우리가 행복하지 않은 것은 작은 것에 대한 소중함을 잊고 지내기 때문일지도 모릅니다. 이미 자연으로부터, 가족으로부터, 소속된 공동체로부터 많은 혜택을 받고 누리고 있지만 고마움을 느끼는 사람들은 많지 않습니다. 그것을 잃었을 때 비로소 소중함을 느끼게 됩니다. 갈등과 시련은 바로 이러한 사람들을 위해 만든 자연의 섭리입니다. 이러한 이치를 이해하는 사람들은 변화하고 균형을 잡고 살아가게 되고, 이해하지 못하는 사람들은 한탄과 원망으로 고통의 늪에 빠져서 생을 마감하게 됩니다.

꿈을 꾸는 것은 온전한 삶을 살아가기 위함입니다. 온전한 삶은 행복의 빛과 연결된 삶입니다. 행복이라는 빛과 연결하기 위해서 오늘도 가려진 욕심, 원망, 시기, 질투, 분노라는 어두운 먹구름을 걷어내야 합니다. 어두운 먹구름에 가려진 채 먹구름이 지나가기를 기다리는 것이 아니라 하루하루 찾아오는 먹구름을 걷어내야 합니다. 밝은 빛이 비치다가 다시 먹구름에 빛이 가려지는 인생이지만 소소한 꿈을 추구하다 보면 더 밝은 광명이 비추는 날이 길어질 수 있습니다. 소소한 꿈을 추구하는 것은 바로 빛과 하나로 연결되기 위한 참나를 찾는 과정입니다.

드림셰프로 가는 길

최근 각종 프로그램에서 셰프Chef가 나와서 요리하는 것을 흔히 볼 수 있습니다. 몇 년 전까지만 해도 요리사라고 하면 여성이 주를 이루면서 방송 프로그램에 등장했던 시절이 있었습니다. 그런데 최근에는 젊고 트랜디한 분위기의 남성 셰프들이 등장해 신선함을 더해주고 있습니다.

셰프는 직업으로서의 인지도가 그다지 높지 않았는데 혼자 사는 사람들이 늘어나고, 요리를 취미로 배우고자 하는 남성들이 늘어나면서 최근 주목받는 듯합니다. 음식을 요리하는 전문가를 셰프라고 하는데 꿈을 요리하는 전문가는 드림셰프Dream Chef라고 합니다. 드림셰프 즉, 꿈 요리사는 잃어버린 꿈을 되살리게 하고 관심사와 재능을 끌어내어 꿈의 재료를 통해 인생의 활력을 되찾게 합니다.

세상에는 많은 꿈 요리사가 있습니다. 세상에 도움이 될 수 있는 의미 있는 일을 하면서 세상을 변화시키는 화려한 꿈 요리사는 많은 사람의 선망 대상이 됩니다. 하지만 소소한 일상에서도 작은 꿈의 재료들을 가지고 행복한 삶의 모습을 보여주는, 소박하면서도 절제된 꿈 요리사도 있습니다. 지금도 삶이 공허하고 방향을 잃어가고 있다고 느끼는 사람들은 꿈을 요리하는 법을 배우기 위해 책과 인터넷, 방송을 통해 노하우를 전수받고 있습니다. 그러나 그들의 성공한 꿈 요리의 비법을 아무리 따라 하려고 해도 꿈 요리의 원리와 재료, 영양소에 대한 지식이 없다면 성공할 확률은 낮을 수밖에 없습니다.

삶 속에서 무엇인가 허전함을 느낄 때면 꿈에 대한 욕구가 충족되지 않아서 꿈 영양소 결핍에 의한 배고픔이 발생하게 됩니다. 자유, 즐거움, 사랑, 성과, 안정의 꿈 영양소는 골고루 섭취되는 것이 이상적이지만 강력한 맛의 욕구는 현재 처해 있는 상황에 따라서 다르기 마련입니다. 따라서 처해 있는 상황에서 강한 이끌림을 받는 욕구를 충족시키기 위해 5가지 꿈의 영양소 중의 하나를 선택하게 됩니다. 셰프가 맛에 관해 다양한 연구를 하듯이 꿈을 연구하는 드림셰프도 하루 중에도 5가지 재료에 들어있는 속성들을 파악하고 서로 배합을 하면서 새로운 맛을 개발하게 됩니다.

꿈의 재료라고 하면 욕구를 충족시킴으로써 행복을 가져다주는 행동과 상황이라고 볼 수 있습니다. 재료를 구하기 위해 비싼 돈을 들여서 사야 할 필요는 없습니다. 찾으려고만 하면 어디서든 비용을 들이지 않고 찾을 수 있기 때문입니다.

고요한 새벽 아침에 일어나 창문을 열고 잔잔히 불어오는 가을바람에 차 한잔 기울이는 자유, 좋아하는 책을 읽으면서 지적인 사유를 즐기는 것에 푹 빠져보는 즐거움, 힘겹게 수레를 끌고 동산을 올라가는 할머니를 도와드리는 사랑, 정성 들여 준비해왔던 보고서를 완료하여 기쁨을 만끽하는 성과, 퇴근 후에 가족들과 함께 영화를 같이 보는 안정. 이처럼 하루 동안에 일어나는 일 속에서 5가지 꿈의 재료들을 우리는 마음만 먹으면 언제든지 체험할 수 있습니다. 단지 이것을 인지하지 못하거나 꿈의 재료가 아닌 꿈을 방해하는 인스턴트 재료로서 우리의 시간을 채우고 있기에 행복을 느끼는 것이 어려운 것입니다.

꿈을 방해하는 인스턴트 재료는 정신적, 신체적 건강에 해롭게 작용합니다. 마음을 공허하게 만드는 불필요한 대화들과 만남, 게임중독 등 인스턴트 재료에 길든 몸과 마음은 심신의 건강을 회복할 수 있는 5가지 꿈의 영양소를 섭취하기가 쉽지 않습니다.

사람들은 외롭고 허전할 때면 무엇인가 공허함을 채우고자 합니다. 이러한 공허함은 인스턴트 재료로서 해결되는 것이 아닙니다. 5가지 꿈의 영양소로 조금씩 채워나가야 공허함은 사라져 가고 행복의 물결이 밀려오게 되는 것입니다.

드림셰프 즉, 꿈의 요리사가 되는 것은 어려운 일이 아닙니다. 하루 동안에 우리가 선택하는 매 순간 꿈의 재료와 인스턴트 재료 중에서 무엇을 선택할까 고민하는 과정에서 신중을 기할 필요가 있습니다. 인스턴트 재료보다는 꿈의 재료를 선택하고 요리하는 나날들이 많아지면 더욱 나은 삶을 만들면서 '참 자아'의 모습을 회복하게 됩니다.

인스턴트와 꿈의 재료를 구분하려면 변화하고자 하는 노력이 필요합니다. 오늘 새로운 것을 찾게 되면 변화되고, 변화되면 바로 어제와는 다른 행복한 하루를 맞이하는 길입니다. 이처럼 변화는 자신이 되고자 하는 모습과 이러한 목표를 실현하기 위한 실천 속에서 만들어집니다. 실천은 성과로 나아가기 위한 출발점입니다. 무엇인가 성과를 내고자 하면 목표를 세우게 되고, 목표는 무엇인가 기존과는 다른 마음의 변화에 기인합니다. 이처럼 꿈을 요리하는 드림셰프는 새롭게 변화하려는 의지 속에서 꿈이 싹트고, 그동안 무감하게 지나쳤던 꿈의 재료들을 다시 바라보게 됩니다. 그리고 그 재료들의 맛을 각각 체험하고 배합해 보면서 하루하루의 행복을 느끼는 다양한 맛을 경험합니다.

자극적인 인스턴트 재료로 길든 삶 속에서 빠져나와야 합니다. 삶의 허기진 배고픔을 인스턴트로 채워가서는 내면에 숨겨진 진정한 삶의 방향을 찾을 수가 없습니다. 꿈을 현실로 만들어 가기 위해 도전하는 삶의 여행은 꿈의 재료를 찾고 행복 레시피를 만들어 가는 과정임을 잊지 말아야 합니다.

Chapter 2

감각적 향유

Enjoy
———
the little
———
Things

It's

———

the little things

———

that make

life big

오감 여행

일상 속에서 느끼는 행복은 오감(시각, 청각, 후각, 미각, 촉각)과 관련이 있습니다. 아름다운 사물이나 장면을 볼 때, 좋아하는 음악을 들을 때, 향긋한 냄새를 맡을 때, 맛있는 음식을 먹을 때, 감촉이 좋고 따뜻하거나 시원한 느낌을 받을 때 행복을 느낍니다. 이처럼 오감과 행복은 밀접한 관계가 있습니다.

사람들은 여행을 통해서 새로운 것을 접하면서 행복을 느낍니다. 여행하면서 행복을 느끼는 감정들은 바로 오감에서 비롯됩니다. 여행을 통한 새로운 체험을 하면서 오감을 자극하게 되고 이는 생생한 살아있는 기쁨을 느끼게 합니다. 비단 국내든 해외든 간에 멀리 나가서 체험하는 것만이 여행은 아닙니다. 찾아보면 거주하고 있는 지역, 출퇴근 길처럼 그동안 익숙하게 오고 가던 동선에서도 무심코 지나가며 느끼지 못했던 즐거움을 찾을 수 있습니다.

여행은 익숙한 환경에서 벗어나 자유를 느끼는 놀이와 같습니다. 놀이는 강제성이 없는 자발적으로 추구하는 즐거움이기 때문에 경직된 마음의 문을 열게 됩니다. 마음의 문이 열리면 주변 사물과 연결되는 것을 알 수 있습니다. TV에서 무심히 쳐다보던 여행지의 풍경도 자유로운 마음에서 여행지에서 직접 느끼면 신선한 즐거움으로 다가오게 됩니다. 단조롭고 지루한 환경에서 벗어났다는 마음의 변화만으로도 여행지의 냄새, 음식의 맛과 풍경이 오감을 깨우게 됩니다.

정신이 다른 생각에 사로잡혀 있으면 오감을 통해 받아들이는 정보를 느낄 수 없습니다. 생각이 원숭이처럼 어지럽게 뛰놀게 내버려 두어서는 이 순간을 느낄 수 없습니다. 생각은 꼬리에 꼬리를 무는 경향이 있습니다. 생각을 억지로 끊으려고 하기보다는 심호흡을 하면서 지금 여기서 주변 환경에서 전해져 오는 느낌을 온몸으로 느껴보아야 합니다. 지금 여기에서 들리는 소리에 집중해 보면 어떨까요? 창밖으로 새가 지저귈 수도 있고, 바람 소리가 들릴 수도 있고, 지금 찻집에 있다면 음악이 들릴 수도 있습니다.

찻잔에서 전해오는 향기를 느낄 수 있고, 예쁜 문양의 전통 찻잔을 바라보다가 조용히 들고 한 모금 마시면서 입안에서 느껴지는 따뜻한 기운과 함께 달면서도 시고 약간 쓴 느낌도 나는 미묘한 맛을 음미해 볼 수도 있습니다. 푹신한 의자에 등을 기대어 보며 부드럽고 포근한 느낌을 받을 수도 있습니다.

인간에게 있어서 오감은 주변과 소통하기 위한 중요한 도구입니다. 오감으로 느껴지는 자극에 집중하는 것은 현실을 온전히 느끼기 위함입니다. 물론 주변 환경에서 원치 않는 불쾌한 느낌을 받을 때는 짜증스런 생각과 감정이 일어나기도 합니다. 반면 오감을 통해 소소한 즐거움을 줄 수 있는 느낌을 주변 환경을 통해 찾을 수 있다면 즐겁고 기쁨을 얻을 수도 있습니다. 따라서 오감 여행은 소소한 일상에서도 행복을 찾아가는 과정입니다.

여행은 억눌렸던 감정을 풀리게 합니다. 억눌렸던 감정이 풀리면 신체 감각들이 생생하게 살아 움직입니다. 그러나 아무리 좋은 여행지라도 고민을 짊어지고 다닌다면 오감은 닫혀 있는 것과 같고 오히려 피로감만 쌓일 것입니다. 감각들이 깨어나게 하려면 마음을 열고 풀리지 않는 생각은 내려놓아야 합니다. 생각을 열심히 해서 풀릴 수 있는 일이라면 생각을 많이 하는 사람들이 행복할 것입니다. 하지만 현실은 오히려 반대입니다. 생각이 많아지면 주변과 소통을 할 시간이 줄어들고 후회와 비관적인 생각만 늘어나게 됩니다. 아무리 좋은 것이 곁에 있어도 소중한 줄 모르고 결국은 뒤늦게 소중함을 깨닫고 후회하며 과거와 미래를 오가며 현재에 살지 못하는 어리석은 삶에 빠져듭니다.

삶은 여행이라고 합니다. 멀리 낯선 곳에 가는 여행뿐만 아니라 하루하루가 여행입니다. 새로움이 없고 감각이 깨어 있지 않으면 여행이 아니라 감옥에 갇혀 있는 것과 같습니다. 익숙함 속에서도 낯설고 새로움을 발견해야 합니다. 삶을 단면만 보고 살아가는 사람들이 많습니다. 입체적으로 바라본다면 익숙했던 사물도, 지겹게 들어왔던 말들도 새롭게 느껴지고 자신을 긍정적인 변화를 끌어내는 반면교사(反面教師)라는 것을 알 수 있습니다.

인생이 단조롭게 느껴진다면 일상에서 새로운 변화가 없기 때문입니다. 이는 타인의 문제도 아닌 바로 자신이 그렇게 만들었다는 것을 자각해야 합니다. 이런 삶에서 벗어나기 위해서 주말에 야외로 나가고, 국내 또는 해외로 여행을 떠나기도 합니다. 잠시는 해방감으로 행복감에 즐거워하지만, 다시 다람쥐 쳇바퀴 돌 듯이 평범한 일상으로 돌아오면 다시 익숙한 삶에 지겨워하는 자신을 발견하게 됩니다. 삶의 단조로움은 바로 변화가 필요하다는 신호입니다. 여행은 단조로움을 벗어나기 위해 좋은 수단이 됩니다.

여행은 인생의 활력소이자 자신의 본 모습을 발견하는 과정입니다. 여행하듯 하루를 보내면 마음이 열리고, 오감이 활짝 열리며 소통의 에너지가 흐릅니다. 소통하게 되면 채워야 할 것을 채우고, 비워야 할 것을 비우게 됩니다. 서로 다름을 인정하게 되고 사물과 현상을 단면이 아닌 입체적으로 바라보며 이해하게 됩니다.

지쳐있는 영혼을 달래기 위해서 지금부터 오감 만족 체험 여행을 떠나보는 것을 어떨까요? 미루지 말고 바로 지금, 멀리서부터가 아닌 여기 가까이에서부터 오감을 활짝 열어 볼 필요가 있습니다.

아름다움에 대하여

인생의 즐거움 중에서 시각적인 아름다움은 보는 사람들에게 즐거움을 가져다줍니다. 요즈음은 아름다움에 대한 기준이 많이 바뀐 것 같다는 생각이 듭니다. 특히 여성에 관해 아름다움을 얘기할 때 장미와 같은 화려한 아름다움이 요즈음 청년들에게는 대세인 것 같습니다.

미디어에 등장하는 많은 연예인이 언뜻 보면 예쁘지만 비슷한 외모처럼 보이는 것은 왜일까요? 기계적으로 찍은 듯한 표준화된 아름다움을 대중매체에서 강조하고 젊은 세대들도 유행처럼 따라 하는 듯하여 아쉽기도 합니다. 외적으로 보이는 화려하고 자극적인 것을 젊은이들이 추구하는 것이 나쁘다는 뜻이 아닙니다. 단지 획일적인 아름다움의 기준만을 추구하는 것은 소수 외에는 대다수가 기준에 도달하지 못하기 때문에 좌절감을 가져다주게 됩니다. 외적인 아름다움만을 추구하게 되면 주변 더 나은 사람과 비교를 하며 영원히 만족할 수 없기 때문입니다.

물론 현실은 외모가 채용에 더 유리하게 작용하고 사회적으로도 대접을 받는 경우가 있는 것도 사실입니다. 얼마간은 그들이 주변에서 외모에 대한 칭찬과 대접을 받게 될지 모릅니다. 그러나 바꾸어서 생각해보면 그들에게 관심 두는 사람들은 대다수가 조건을 따지는 사람들이라고 볼 수 있습니다. 자신을 포장해서 보여주면 주변 사람들 또한 가면을 쓰고 다가오는 이중적인 사람들이 모여들게 마련입니다. 세상은 서로 맞는 주파수를 갖는 사람들이 공명하며 끌리기 때문입니다. 결국 유유상종하게 되는 것입니다. 조건을 따지면 상대방도 그러리라는 것을 알아야 합니다. 결국 진실한 사람들과 만날 기회가 줄어들 수밖에 없습니다.

행복은 진실한 관계를 통한 만남과 소통에서 오게 됩니다. 남과 비교해서 우위에 있다는 자만심에서 오는 감정은 행복이라기보다는 자극적 쾌락에 가깝습니다. 오래갈 수도 없고 더 자극적인 쾌락을 추구하다가 결국은 파멸하게 되는 것입니다. 성형을 통한 부작용은 차치하고서라도, 외모를 통해 부유한 사람들과 결혼한 사람들이 파경에 이르는 경우가 많은 사례를 흔히 접할 수 있습니다.

이름 없는 야생화에 분주하게 벌들이 날아들지만, 아름답고 향기가 좋은 꽃의 여왕 장미에는 벌들이 모여들지 않습니다. 이유는 벌들이 찾아오게 만드는 꿀이 없기 때문입니다. 향기에 도취하여 날아와도 결국은 날아가 버립니다. 그리고 장미는 도도함의 상징인 가시를 가지고 있어서 만지는 것도 조심스럽게 대해야 합니다. 화려한 아름다움에 도취한 사람들에 의해 쉽게 꺾이기 때문에 생명력이 짧을 수밖에 없습니다. 또한, 과일나무처럼 풍성한 열매를 제공해 줄 수도 없습니다. 자연의 식물들도 이러한데 세상에 태어난 사람들은 저마다의 개성과 아름다움을 가지고 태어났다고 생각할 수 있지 않을까요?

마음이 맑고 밝으면 외모에 드러나게 됩니다. 조각같이 아름답지만, 인공적으로 가꾸어진 미(美)는 쉽게 질리게 마련입니다. 사람들은 완벽한 아름다움보다는 자연스러움에 편안함을 느끼게 됩니다. 외모가 아름답지는 않아도 활력이 있고 미소가 아름다운 사람들에게 매력을 느낍니다. 꾸밈이 없으므로 편안하고 부담이 없어서 그 에너지를 받기 위해 다가가고 싶은 마음이 절로 들게 됩니다.

사회가 만들어 놓거나, 타인이 얘기하는 것에 민감하게 받아들이지 말아야 합니다. 타인의 관점에서 아름다움을 인정받고 싶다는 욕구를 갖게 되면 사회가 만들어 놓은 기준에 따라가게 됩니다. 이런 사람들은 다른 사람들에게 인정을 받아야만 행복하기에 삶의 만족도가 떨어질 수밖에 없습니다. 겉으로 보이는 것에 집착한다면 지금 여기(here and now)에 존재함을 감사할 수 없고, 진심으로 자신을 둘러싼 환경에 대한 사랑의 마음이 생겨나기 어렵습니다. 그래서 불행하다고 생각하고 내면이 아닌 외면을 치장하면서 행복을 추구하지만 결국 공허함만 남습니다.

외모지상주의가 만연해 있는 현실 속에서 진정한 아름다움을 못 보는 젊은이들이 많습니다. 연예인들의 모습을 따라 하기보다는 자기 자신만의 고유한 아름다움을 발견할 필요가 있습니다. 꽃의 종류가 다양하듯이 저마다의 인간도 태어날 때부터 개성 있는 꽃의 씨앗을 가지고 태어났습니다. 다만 현실 속에서는 장미 같은 아름다움만이 인정받는 세상처럼 느껴질 뿐입니다. 필자는 화창한 봄날이면 거리를 하얗게 물들이며 화사하게 피었다가 눈처럼 흩날리는 벚꽃을 좋아합니다. 화려하진 않지만, 들판을 노랗게 수놓는 작은 민들레의 수수한 아름다움을 좋아합니다. 길가에 옹기종기 모여서 한들한들 춤을 추며 가을을 노래하는 코스모스 길을 좋아합니다.

아마도 저뿐만 아니라 많은 분이 좋아하는 꽃들은 제각기 다를 것입니다. 그렇기에 일률적으로 몰아가는 세상의 미의 기준을 따라가거나 그 미의 조건을 충족하지 못해 절망할 필요도 없습니다. 불교의 화엄(華嚴) 사상에서는 세상의 모든 존재는 꽃과 같이 제각기 향기와 색을 가지고 있어서 각자의 아름다움을 보유하고 있다고 합니다. 서로 다른 존재들의 향기와 색이 다르다고 배척할 것이 아니라, 다름을 인정할 때 세상은 온갖 꽃으로 수놓는 장엄한 아름다움을 주는 세상을 만들 수가 있는 것입니다.

아름다움과 추함은 분별심에서 발생하게 됩니다. 어떤 사물이 아름답다고 생각되는 순간 다른 것은 상대적으로 덜 아름답다고 생각할 수밖에 없습니다. 분별심에서 벗어나는 순간 세상은 자신과 주변이 함께 연결됨으로써 더욱 아름다운 곳임을 자각하게 될 것입니다.

관찰을 통한 행복 찾기

소크라테스는 인생을 왜 사는가를 묻지 않는 사람은 인생을 살 가치가 없다고 말했습니다. 인생의 의미에 대해 질문을 던지지 않는 것은 자신만의 고유한 소중한 가치를 실현하지 못하는 표류하는 인생으로 전락하기 쉽기 때문입니다.

저마다의 소중한 가치를 발현시키기 위해서는 행복해질 수 있는 것에 더 주의를 기울여야 합니다. 사람들은 동시에 여러 곳에 주의를 기울일 수 없기에 한 가지 일에 주의를 기울이면 다른 일은 소외될 수밖에 없습니다. 따라서 매 순간 더 행복할 수 있는 것을 선택하는 과정이 더 행복해질 수 있는 비결입니다.

한 가지 고려할 것은 올바른 선택을 해야 한다는 것입니다. 올바른 선택을 하기 위해서는 후회를 만드는 것은 아닌지 생각해보아야 합니다. 밤새 술을 마신 후 숙취로 고생하거나, 무리한 운동으로 다음 날 근육통으로 힘들어하는 등 절제하지 못하여 후회를 만든다면 올바른 선택을 했다고 볼 수가 없습니다. 그리고 일상의 행복 찾기는 게임처럼 재밌는 놀이로 인식되어야 합니다. 무겁고 짐이 되는 것은 행복과 어울리지 않습니다. 행복은 가벼워야 합니다. 주변 사물을 받아들일 수 있는 준비가 되기 위해서는 속이 비워져야 하기 때문입니다. 비워져야 받아들일 수 있는 소통의 공간이 생깁니다.

마음속에 쌓였던 것을 조금씩 버려서 가벼워지면 그동안 여러 가지 복잡한 일들에 대한 생각으로 주의를 기울지 못해 볼 수 없었던 것이 눈에 들어오게 됩니다. 이때 행복 찾기를 위한 관찰이 비로소 시작됩니다.

강판권 교수는 저서 『나무 철학』에서 일상의 평범한 관찰을 통한 즐거움을 이야기합니다.

"길을 가다가 풀 한 포기 보거든 발걸음을 멈추고 앉아서 풀과 눈을 맞추면 마음에 기쁨이 넘칠 것이다. 산에 가서 큰키나무 한 그루 만나거든 발걸음을 멈추고 고개 들어 나무를 바라보면 우주의 기운이 가슴을 벅차게 만들 것이다. 혹 봄날 산에 가거든 상수리나무의 꽃을 보라. 소위 도토리만 생각했던 사람들은 잎과 함께 피는 상수리나무의 꽃을 보는 순간, 또 다른 즐거움을 만끽할 것이다. 즐거움은 발걸음을 멈추고 어딘가 눈길을 주는 순간 생긴다."

즐거움은 비용을 들여서 살 수도 있지만, 관심을 기울이면 비용을 들이지 않고 우리 주변에서도 흔히 찾아볼 수가 있습니다. 관찰을 통한 즐거움은 애정을 갖고 바라보았을 때 생깁니다. 애정을 갖고 사물을 세부적으로 바라보게 되면 가볍게 지나치면서 보았던 느낌과는 다른 새롭고 놀라운 감동을 하게 됩니다. 관찰에 익숙해지면 이전에는 그냥 지나쳤던 나무를 바라보아도 사계절의 변화에 따라 꽃망울을 터뜨리고, 작은 잎사귀가 점점 자라고 무성해지며, 열매를 맺고, 다시 잎이 떨어지고 앙상한 가지만 남는 변화를 볼 수 있을 것입니다. 그렇기에 늘 다니는 가로수 길도, 산길에도, 강가에도 사계절을 관찰하면 똑같은 대상을 보면서도 늘 새로움을 느낄 수 있습니다.

새로움을 찾아내고서도 감동하지 못하는 것은 감성보다 이성을 선호하는 사회 분위기에서 자라왔기 때문일 것입니다. 잃어버린 감동을 되찾기 위해서는 효율과 효과를 따지지 말고 있는 그대로 순수하게 받아들이는 연습이 필요합니다. 감동은 스스로 준비가 되어있어야 오는 것이기 때문입니다. 감동은 주변 사물에 대해 비교하는 배타성이 아니라 수용하고 포용하는 마음에서 비롯됩니다. 한 그루의 나무에서 꽃을 피우고 열매를 맺는 외면의 아름다움뿐만 아니라 꽃을 피우기 위해, 열매를 맺기 위한 치열하게 생존하려고 하는 나무 내면의 의지를 볼 수 있어야 합니다.

삶은 드러난 아름다움 외에도 드러나지 않은 사실을 알게 되었을 때 더 큰 감동을 얻습니다. 생각해보면 살아있음을 느끼고 몸을 움직이는 것 자체가 기적입니다. 영혼과 몸은 분리되어 있다고 믿는다면 우리의 영혼이 정자의 수많은 경쟁률을 뚫고 몸을 갖고 태어나서 움직이는 것은 놀라운 사실입니다. 삶의 원리를 깊이 있게 바라보고 공부하며, 주변 사물을 피상적인 단면이 아닌 입체적으로 바라볼 때 감동은 더 깊고 오래갈 것입니다.

행복은 해외여행과 같은 낯선 곳에서의 새로운 경험에서 찾을 수도 있겠지만, 하루하루 멀지 않은 주변의 일상 속에서도 값진 보물과 같은 가치를 찾을 수 있습니다. 어른이 되면 아이들처럼 새로운 경험은 줄어들게 됩니다. 그렇기에 나이가 들면 일상의 새로움이 덜하기에 시간이 빨리 가는 것처럼 느낀다고 말합니다. 새로운 경험은 색다른 낯선 체험뿐만 아니라 기존에 바라보던 사물도 더 깊이 있게 관찰하는 것을 통해 몰랐던 사실을 알게 되는 체험을 포함합니다.

하루하루 새로워지는 일신우일신(日新又日新)을 실천하는 삶, 바로 이것이 하루하루 감동하는 삶이고, 감동하는 삶이 바로 행복의 가치를 추구하는 삶입니다.

백색소음과 함께하는 힐링

오랫동안 비가 안 내려서 비를 애타게 기다리는 목마른 대지에 시원하게 적셔주는 빗소리를 들으면 마음이 차분해집니다. 빗소리와 같은 자연음은 백색소음이라고 하는데 전체적으로 균등하고 일정한 주파수 범위에서 나는 소리를 말합니다. 백색소음은 빗소리 외에도 파도 소리, 시냇물 흘러가는 소리를 예로 들 수 있습니다.

소음이라고 하면 집중력을 흐트리는 거슬리는 소리지만 모든 소음이 그런 것은 아닙니다. 백색소음은 다양한 음높이의 소리가 합해져서 만들어집니다. 다양한 음높이와 음폭을 갖게 되면 오히려 심리적 안정감을 줄 수도 있습니다. 빗방울 떨어지는 소리, 나뭇가지가 바람에 흔들리는 소리, 파도 소리 등의 자연의 소리인 백색소음은 뇌에서 심신의 안정을 주는 알파파가 나오게 합니다. 알파파는 심신의 안정을 유지하는 데 도움을 줍니다.

백색소음을 포함한 마음의 안정을 주는 소리를 통해 우리는 편안함과 행복감을 얻을 수 있습니다. 좋은 음악이 아니더라도 자연의 소리를 통해 심신의 휴식을 취할 수 있는 것입니다. 심신이 지쳐있을 때 개인의 취향에 따라 안정을 주는 백색소음을 찾아보는 것도 스트레스를 줄이는 방법입니다.

다음은 소리에 의한 행복 찾기 연습의 사례입니다.

"주말 아침에 후두두 창문을 두드리는 빗소리에 일어나 창가에 다가가 내리는 비를 바라봅니다. 산뜻한 아침을 맞기 위해 청소기를 돌리고 아침을 활기차게 시작하는 음악을 들으며 식사를 합니다. 회색빛 하늘 구름 사이로 햇살이 비추어 오고 창문을 열자 시원한 바람과 함께 새들이 지저귐이 정겹습니다. 바람 한 줄기가 나뭇가지를 스치자 나무 아래 고여 있던 물에 떨어지는 소리가 옥구슬 굴러가는 것처럼 보드랍게 느껴집니다. 돌담길을 걸으며 밤새 노래하던 풀벌레 소리의 여운을 들으며 집에서 가까운 거리에 있는 바닷가로 산책하러 나갑니다. 끼룩끼룩 갈매기 울음소리가 들리는 곳으로 다가가니 검은 커다란 바위에 철썩철썩 파도가 바위에 부딪치더니 이내 물거품을 되어 스르르 사라집니다."

제주도가 고향인 필자는 소리를 통한 힐링이라고 하면 위에서 열거한 빗소리, 바람 소리, 새소리, 파도 소리, 갈매기 소리 등이 생각이 납니다. 이외에도 각자 취향에 맞는 다양한 백색소음이 있을 수 있습니다. 빗소리는 들뜬 마음, 복잡한 생각에서 마음을 차분하게 가라앉

혀줍니다. 어렸을 때는 비를 맞으며 걸어도 참 즐거웠던 기억이 있는데 나이가 들면 감성보다는 이성적인 사고가 우선시 되는가 봅니다. 비가 내리면 비로 인한 불편함을 먼저 생각하기 때문이죠. 감성을 되찾게 되면 빗소리에 집중하게 됩니다. 빗소리는 숙면을 도와주고 안정적인 뇌파를 유도해 마음을 안정시키고 걱정을 잊게 도와준다고 합니다. 그래서 비가 오면 마음이 차분해지는가 봅니다.

어린 시절 창문 밖에서 들리는 나뭇가지를 스치는 바람 소리에 스르르 잠이 들곤 했습니다. 바람 소리는 주파수와 음역이 넓고 소리가 일정하게 지속하기 때문에 주의 집중에 효과적입니다. 그리고 철썩거리며 바위에 부딪히는 파도 소리는 마음을 편안하게 해주며 기분을 전환해 줍니다. 바닷가를 여행한 사람들이 도시의 공원이나 시골을 여행한 사람보다 만족감이 높다는 연구결과가 있듯이 바다는 넓은 가슴으로 모든 것을 포용해 줍니다.

이외에도 고요한 산사(山寺) 처마 밑에 앉아 흘러가는 구름을 바라보며 듣는 풍경소리, 첫눈이 내린 아침 아무도 밟지 않은 눈길을 걷는 뽀드득뽀드득 소리처럼 장소와 계절이 바뀜에 따라 작은 행복을 느낄 수 있는 정다운 소리도 있습니다.

큰 비용을 들이지 않더라도 자연의 소리는 우리가 사는 주변 속에서도 흔히 찾아볼 수 있습니다. 오감 중에서 청각은 자연의 소리 즉 백색소음을 통한 감각적 행복을 만끽할 수 있게 합니다. 자연의 소리는 병을 치유하는 효과가 있습니다. 자연의 소리를 통해 암 환자나 우울증 환자가 치유되어 완치된 사례도 종종 소개되고 있습니다.

　가끔 생활 속에서 자연의 소리에 귀 기울여 보면 어떨까요? 그리고 여유가 된다면 생태 숲과 트래킹 코스, 바다 등 자연의 소리를 마음껏 접할 수 있는 곳에서 귀를 열어보세요. 스트레스로 긴장된 몸을 이완하고 편안함과 아늑함을 주는 경험을 할 수 있을 것입니다. 자연의 소리는 유튜브에도 많이 올라와 있어 쉽게 찾아보고 들을 수 있습니다. 자연의 소리를 찾아 멀리 나갈 형편은 안 되는데 주변에 거슬리는 소음이 있다면 스마트폰을 통해서 백색소음을 찾아 들어보는 것도 좋은 방법입니다.

　백색소음은 주변의 거슬리는 소음을 포용하고 덮어줍니다. 아마도 날카롭게 자신을 드러내는 소음보다는 폭넓게 수용하고 포용하기 때문에 편안하고 아늑함을 주는 것은 아닐까 생각해봅니다. 마음의 평온함은 진정으로 다른 것을 수용하고 포용하는 삶에서 오는 것이니까요.

맛으로 느끼는 미각 여행

요즘 방송에서는 여기저기서 먹방(먹는 방송)과 쿡방(요리 방송) 열기로 뜨겁습니다. 물론 인기몰이 이유는 인간의 원초적인 본능인 식욕을 자극하기 때문입니다. 왜 최근 먹방과 쿡방이 유행인지를 탐구해 본다면 사회적 스트레스와 무관하지 않음을 알 수 있습니다.

최근 사회에 만연해 있는 스트레스와 욕구불만은 행복 호르몬인 세로토닌의 양을 줄어들게 합니다. 세로토닌이 줄어들면 의욕이 없고 식욕이 왕성해져 자칫 비만이 될 수도 있습니다. 음식이 당기는 것은 정상적인 배고픔 외에도 스트레스로 인하여 배고픔이 생길 수도 있습니다. 스트레스는 코르티솔이란 호르몬을 과도하게 분비시켜 배고픔을 느끼게 합니다. 이때 음식을 섭취하면 세로토닌의 양을 원상태로 만들어 즐거운 기분을 유지하게 됩니다.

맛있는 음식을 먹게 되면 즐거운 기분이 들어 행복을 가져다줍니다. 소소한 먹는 행복을 느끼기 위해 사람들은 먹거리를 찾습니다. 여행 중에 맛집을 찾는 것이 바로 이런 이유입니다. 여행할 때 피해갈 수 없는 것이 바로 먹거리입니다. 여행에서 볼거리 외에도 먹거리의 중요성 때문에 맛집 탐방은 필수 코스 중 하나가 되었습니다. 국내여행, 해외여행 통틀어서 먹는 즐거움을 제외한다면 여행의 즐거움은 줄어들 수밖에 없습니다. 여행가기 전에 먹고 싶은 음식을 찾는 것만으로도 행복한 느낌이 들 수 있습니다.

먹고 마시는 것은 단순히 배고픔에 대한 포만감을 느끼기 위해서가 아닙니다. 맛있는 것을 먹고 마시는 즐거움을 느끼고 더 나아가 함께 먹으면서 소통하고 나와 남이 하나 되는 기쁨을 느끼기 위해서입니다. 맛의 즐거움을 나누는 것은 그리 어려운 일이 아닙니다. 쇼핑의 즐거움을 더해주는 쇼핑몰 내에서 먹거리 탐방, 전통시장 먹거리 투어, 퇴근 후 부부가 마시는 시원한 맥주 한잔, 힘들게 도착한 산 정상에서 나누어 마시는 막걸리 한잔, 지인과 함께 담소를 나누며 마시는 커피 한잔 등 먹고 마시는 즐거움은 일상에서 빠질 수 없는 즐거움입니다.

이처럼 오감 중에서도 다른 감각 이상으로 행복을 줄 수 있는 것이 미각입니다. 자신에게 맞는 음식 섭취는 몸 건강을 유지하는 데 대단히 중요한 역할을 합니다. 맛은 오미(五味) 즉, 신맛, 쓴맛, 단맛, 매운맛, 짠맛으로 나뉩니다. 다섯 가지 맛은 오장육부에 영향을 미칩니다. 한의학 이론으로는 신맛은 간, 쓴맛은 심장, 단맛은 비장, 매운맛은 폐, 짠맛은 신장과 관련이 있습니다.

신맛은 기운이 없고 지칠 때 먹으면 기력을 충전하는 맛입니다. 신맛 자체적으로는 인기가 없을 수 있지만 다른 맛과 어울리면 향과 맛을 돋우는 역할을 합니다. 음식으로는 오미자, 오렌지, 매실 등이 있습니다.

쓴맛은 심신을 안정시키는 역할을 합니다. 쓴맛 음식을 먹으며 흥분을 가라앉히고 열을 내리는 역할을 합니다. 몸이 아플 때 먹는 약이 쓴 것은 이처럼 몸과 마음을 진정시키는 효과가 있기 때문이 아닌가 생각됩니다. 음식으로는 쑥, 팥, 냉이 등이 있습니다.

단맛은 엔도르핀을 생성하는 행복감을 느끼게 하는 맛입니다. 단맛은 탄수화물을 섭취하여 포도당으로 분해되기 때문에 결국 몸을 운용하는 에너지를 생성합니다. 단맛은 허약한 몸에 기운을 보태주고 통증을 완화하는 효과가 있습니다. 음식으로는 고구마, 호박, 대추 등이 있습니다.

매운맛은 몸에 있는 안 좋은 기운을 몰아내는 역할을 합니다. 축 처져 있는 몸에 활력을 주어 정신을 맑게 하고 신진대사를 원활하게 합니다. 음식으로는 마늘, 양파, 생강 등이 있습니다.

짠맛은 딱딱한 것을 부드럽게 하고 세포 속의 노폐물과 영양분을 운반하여 신진대사를 촉진합니다. 짠맛은 적당량을 넣지 않고 과도하면 다른 맛이 가려질 수 있습니다. 음식으로는 미역, 소금, 검은깨 등이 있습니다.

다섯 가지 맛은 각자 개성이 있지만, 음식에 따라 조화를 이룰 때 그 맛이 더욱 배가될 수 있습니다. 어느 한쪽 맛에 치우쳐 있으면 다른 맛은 가려질 수가 있기 때문입니다. 음식은 적절히 맛이 배합되었을 때 그 풍미를 즐길 수 있게 됩니다.

맛은 취향이기 때문에 계절과 체질에 따라서 선호하는 맛이 다를 수 있습니다. 계절마다 열매를 맺는 제철 과일은 계절에 필요한 영양소를 제공합니다. 예를 들어 더운 여름이면 수박, 참외 같은 시원하면서도 단 음식이 더위도 식히고 에너지를 보충하는 데 도움을 줍니다. 사람마다 오장육부 기운이 다르기에 체질에 따라 선호하는 맛이 다를 수 있습니다. 체질에 따라서 선호하는 음식의 맛은 부족한 오행의 기운을 채워주기 때문입니다.

인생은 자신의 결핍되고 부족한 부분을 채워가는 과정입니다. 음식이 부족한 기운을 채워주듯이 다른 사람과의 관계 속에서 부족한 것을 배우고 자신을 뒤돌아보면서 결핍을 채워나갑니다.

맛있는 음식을 섭취하면 즐거운 기분을 느끼게 되기 때문에 다른 사람들과 같이 식사하는 것은 관계도 원만하게 만들어 줍니다. 그렇기에 누군가와 친해지고 싶다면 같이 식사하며 대화를 나누는 것은 좋은 방법입니다.

음식은 혼자보다는 함께 먹는 것이 친밀함과 즐거움을 가져다줍니다. 요즘 식구들이 따로 밥을 먹는 경우가 많은데 식구의 의미가 많이 퇴색해가고 있는 것을 알 수 있습니다. 식구(食口)란 한집에 함께 살면서 밥을 나누어 먹는 사이라는 뜻을 내포하고 있습니다. 그런데 지금은 각자 끼니를 해결하고 잠만 자는 숙소로 전락하고 있는 게 현실입니다. 식사를 같이하는 가족은 그렇지 않은 가족보다 소통과 공감능력이 뛰어나다는 연구결과가 있습니다. 그렇기에 가족이 함께 식사하는 것은 단순히 먹는 그 이상의 행복한 삶으로 이끄는 의미를 담고 있습니다.

가족에서부터 외부와 교류하는 다른 사람들까지 식사를 같이한다는 것은 즐거움을 나누는 작은 의식과도 같습니다. 하지만 유의할 점은 즐거움은 지나치게 탐하게 되면 독이 될 수도 있다는 것입니다. 말하자면 맛을 탐미하는 것이 지나치면 건강을 해칠 수 있습니다. 다른 욕구와 마찬가지로 식욕에 대해서도 절제할 수 있는 자기 통제가 필요합니다.

맛의 즐거움을 함께 나누게 되면 즐거워지고, 즐거워지면 서로에게 관대해집니다. 관대해지면 서로의 차이를 받아들이고 이해하게 됩니다. 맛은 서로 다름을 이어주는 교량 역할을 하게 되는 매개체로서 소통이 부족한 이 시대에 충분히 잘 활용할 필요가 있습니다.

삶의 향기와 행복

일상생활에서 코끝을 스치는 익숙한 향기를 맡게 되면 그 시절 좋았던 장면이 저절로 떠오르게 됩니다. 아마도 두뇌에 향기에 대한 추억이 새겨지기 때문일 것입니다. 어린 시절 어머니가 쓰시던 화장품 향기, 익숙한 비누 향기, 바람에 실려 오는 라일락 향기는 향긋한 냄새와 함께 어머니, 아버지 그리고 아내와의 즐거웠던 느낌을 되살려 주며 행복감을 느끼게 합니다.

좋은 향기는 기억력 향상에 도움을 준다는 연구결과가 있습니다. 아이들에게 어떤 문장을 후각 정보와 함께 주었을 때, 후각 정보를 주지 않았을 때보다 훨씬 더 쉽고 오래 기억한다고 합니다. 그렇기에 좋은 이미지를 가진 사람들이 풍기는 향은 그들의 이미지를 쉽게 뇌에 각인시키는 효과가 있습니다. 이처럼 냄새는 감정과 추억을 자극합니다.

소소한 행복은 보고 듣는 것 외에도 코끝을 자극하는 냄새와도 연관성이 있습니다. 떨어지는 낙엽을 바라보며 걷는 숲길에는 사그락거리는 낙엽이 부서지는 소리와 짙은 낙엽 냄새를 느낄 수 있습니다. 늦

가을이 되어 낙엽 진 거리를 걸을 때면 새소리, 바람 소리, 걸을 때마다 바스락거리는 소리와 낙엽 냄새를 통해 차분하게 가라앉은 늦가을의 정취를 떠올리게 됩니다.

향기는 치유의 힘을 가지고 있습니다. 식물의 방향 성분은 위, 소장, 대장 등의 소화기관에 흡수되어 몸에 작용합니다. 이처럼 식물 고유의 향을 맡으면 신경계가 자극받고 피부에 바르면 전신을 돌며 신체 조직을 촉진한다고 합니다. 스트레스를 받는 일이 있으면 적절한 향기를 활용하여 마음을 안정시킬 필요가 있습니다. 예를 들어 커피 볶는 냄새, 꽃향기 그리고 숲 속의 향기를 조용히 음미하면서 스트레스를 날려버릴 수도 있습니다. 때론 증상별 치유 효과가 있는 아로마 허브 오일을 활용할 수도 있습니다. 스트레스를 없애기 위해 거창한 계획을 세울 필요가 없습니다. 근처에 마음에 드는 향기를 찾는 일상 속에서도 행복을 느낄 수 있기 때문입니다. 후각 기능을 잃어버린 사람들에 비해 코로 냄새를 맡을 수 있다는 것만으로도 선물을 이미 받았다고 볼 수 있습니다. 그 선물을 잘 활용하면 행복을 더욱 쉽게 느낄 수 있게 됩니다.

순간의 행복은 지나가도 향기는 오래 남습니다. 사물에서 나는 향기뿐만 아니라 품격과 자상함에서 느껴지는 향기도 오랫동안 뇌에 저장됩니다. 코로서 느껴지는 향기뿐만 아니라 마음으로 느껴지는 향기도 있다는 얘기입니다. 좋은 사람들과는 커피 한 잔의 여유로 커피 향기에 취하고 그들의 향기에 취하고 싶을 때가 있습니다. 좋은 향기는 은은하게 퍼져 주변을 정화하듯이 좋은 사람들과의 대화도 잔잔함으로 가슴 깊이 스며듭니다.

　세상을 따뜻하게 바라보며, 부정적인 면보다는 긍정적인 면을 찾으며, 구속하는 왜곡된 사랑이 아닌 조건 없이 주는 진정한 사랑의 마음을 간직한 사람들이 바로 향기로운 사람입니다. 그들은 능력이 있어도 자신을 드러내는 교만함이 없습니다. 항상 자신을 낮추고 겸손이 몸에 배어 있습니다. 그리고 조급하지 않고 여유롭게 세상을 바라봅니다. 하지만 일반인들은 매사에 인생의 부정적인 면만을 찾아내며 연구하는 사람들처럼 살아갑니다. 그렇기에 자신에게 맞추지 못하는 주변인들과의 관계에 힘들어합니다. 향기로운 사람들은 바람이 불어도 한들거리는 꽃처럼 맞서는 법이 없습니다. 상황에 맞추어 중심을 잡기 때문에 쓰러지는 법이 없습니다. 바람이 불어오면 오히려 향기를 널리 퍼뜨리며 다른 사람들이 그들을 통해 평온함을 얻게 됩니다.

　꽃을 보면 냄새를 맡기 위해 코를 가져다 대보게 됩니다. 저마다의 꽃이 간직한 향기는 꽃의 형상을 더 가치 있게 만듭니다. 아름다움의 완성은 겉으로 보이는 모양에 더해서 내면에서 풍겨 나오는 향기에 있는지도 모릅니다. 외모가 첫인상을 좌우하긴 하지만 내면에서 풍기는 품격으로 그 사람에 대해 신뢰하게 됩니다. 빵 가게를 지날 때 갓 구운 빵 냄새를 맡게 되면 기분이 좋아집니다. 갓 볶은 커피 향이 퍼져 나오는 가게를 지날 때면 그 향기에 취해 잠시 머물게 됩니다. 바람에 실려 온 꽃향기에 그 옛날 정다웠던 추억을 떠올립니다. 이처럼 향기는 행복을 주고 행복은 추억을 만듭니다. 일상 속에서 향기를 찾고 추억을 만들면 행복을 느낄 수 있는 시간은 더욱 늘어날 것입니다.

촉각을 통한 감성적 즐거움

다섯 가지 감각 중에서 촉각은 상대적으로 저평가 되어있는 감각입니다. 촉각은 압력, 진동, 온도, 통증을 통해 느끼는 감각입니다.

촉각은 적절한 압력을 받을 때 부드럽고 포근함을 느끼게 합니다. 특히 아기는 유아기에 엄마와의 피부접촉을 통해 부드럽고 포근함을 느끼며 정서적인 안정을 느낍니다. 어린 시절 배가 아플 때 따뜻한 손으로 배를 쓸어 주시던 어머니의 손길처럼 좋은 약이 있을까요? 어머니의 약손은 어머니의 따뜻한 사랑을 느끼게 합니다. 사춘기 이후에도 머리를 쓰다듬어 주거나, 어깨를 두드려 주는 등의 가벼운 스킨십은 아이들의 안정적 정서에 도움을 주게 됩니다. 청소년기에 아이들이 어색할 수 있지만, 잔소리보다는 가벼운 스킨십이 부모에 대한 친근감을 유지하는 데 도움을 줄 것입니다. 반대로 자녀가 부모님의 어깨를 주물러 드리는 등의 애정표현 또한 부모와의 서로 좋은 유대관계를 유지하는 데 도움을 줍니다.

사계절 시시각각 변하는 피부와 자연과의 만남은 오랜만에 만난 친구처럼 편안하고 정다움을 느끼게 합니다. 따스한 봄날 공원 벤치에 앉아 맑은 파란 하늘 아래서 햇빛을 온몸으로 받을 때 피부를 통해 기운이 생동하는 것을 느낄 수 있습니다. 더운 여름날 줄기차게 쏟아지는 빗줄기가 피부에 부딪히는 시원함은 더위에 지친 몸을 다시 깨웁니다. 더운 여름 지나 가을이 오면 불어오는 산들바람이 부드럽게 볼을 스칠 때 즐거움을 느낍니다. 이른 아침 아무도 밟지 않은 소복이 쌓인 눈을 가볍게 밟으며 걷는 발바닥의 부드러운 감촉이 마음을 평온하게 합니다.

촉각은 온도와도 관련이 있습니다. 퇴근 후 피곤한 몸을 뜨거운 욕조에 담글 때 노곤하게 피로가 사라지는 것을 느낄 수 있습니다. 반면 더운 여름날 땀에 젖은 몸을 시원한 물로 샤워할 때 상쾌한 기분을 느낄 수 있습니다. 그러나 너무 뜨겁거나, 너무 차가운 것은 통증을 유발하여 스트레스로 작용할 수 있습니다. 또한 피부는 습도에도 민감하게 반응합니다. 우리나라 여름은 온도가 올라가서 더위를 느끼지만, 습도가 높기에 불쾌지수도 올라가게 됩니다. 적절한 습도는 상쾌함을 주지만 뜨거움과 높은 습도는 불쾌감을 줍니다.

자연의 변화에 따라 인간이 균형을 맞추어가는 것도 중용을 실천하는 일입니다. 날씨에 따라서 옷을 가볍게 입고, 옷을 더 껴입는 것은 몸의 체온을 유지하고자 하는 균형의 실천이기 때문입니다. 즉 몸의 쾌적함을 유지하고자 하는 것, 자연의 변화에 맞추어 균형을 이루며 즐거움을 얻고자 하는 것이 바로 중용의 삶과 다를 바 없습니다.

이처럼 오감 중에서 촉각은 사람들과 사물과의 교감에 필요한 감각입니다. 아침에 일어나서 잠들기까지의 모든 과정에서 사물과의 신체적 접촉을 통한 교류가 이루어지고 있는 것입니다. 화창한 아침 창문가로 들어오는 햇살이 얼굴에 비치면 기분 좋은 따스한 감촉을 느낄 수 있습니다. 햇살과의 기분 좋은 만남과 함께 잠을 자던 피부는 조금씩 생기를 되찾습니다. 몸을 덮고 있는 포근한 이불의 느낌은 잠은 깨어도 조금 더 편안함을 즐기고 싶을 때가 있습니다. 세수하면서 시원하게 피부에 부딪는 물과의 만남, 입안을 상쾌하게 해주는 치약과 칫솔과의 만남도 상쾌함을 가져다줍니다. 머리카락을 쓸어내리는 빗질의 감촉도 빗과 머리카락의 만남을 통해 이루어집니다.

우리가 접하는 모든 것은 촉각을 통해서 친근한 교류가 이루어집니다. 촉각은 사물을 가장 잘 받아들일 수 있는 감각으로 의사소통 방법 중 가장 오래된 의사소통기관입니다. 또한 다른 감각 기관을 통합하고 연계하는 기능이 있습니다. 이처럼 피부로 느끼는 촉각은 친밀함을 느끼게 해주는 소통을 위한 중요한 역할을 합니다.

새로운 세상을 탐구하기 위해서는 접촉이 필요하고, 접촉은 성장과 배움 그리고 의사소통에 긴밀한 역할을 하게 됩니다. 헬렌 켈러에 대한 영화를 보면 설리번 선생님이 헬렌 켈러의 손을 잡고 야외로 나가서 물이란 단어를 가르치는 장면이 나옵니다. 펌프에서 나오는 물을 손바닥에 대면서 촉감으로 느끼게 하고, 이어서 단어를 손바닥에 쓰는 것을 반복합니다. 결국 여러 번의 시행착오 끝에 헬렌 켈러는 물이라는 단어를 받아들이고 사물에는 이름이 있다는 것을 깨닫게 됩니다. 촉각은 주변 물체를 탐색하고 사물을 인지하고 지식을 습득하는 데 중요한 기관입니다.

촉각을 통한 접촉은 따듯한 상호 교감의 과정으로 받아들일 때 주변 사물과의 공감적 소통을 가능하게 하고, 접촉의 순간을 통한 행복으로 가는 즐거움을 가져다줄 것입니다.

오감으로 느끼는 행복 요리

기분 좋은 산책은 오감을 통해 온몸으로 즐거움을 느낄 수 있게 합니다. 나무에 핀 하얀 눈꽃은 잠시 발걸음을 멈추고 즐거웠던 옛날의 추억을 생각하게 합니다. 구름 한 점 없이 맑고 날의 따스한 햇볕은 몸에 생기를 불어넣습니다.

행복 요리는 저마다 취향이 다르기에 오감을 통한 행복 재료를 사용하는 것도 다양할 수 있습니다. 비 내리는 것을 좋아하는 사람들도 있지만, 비 내리는 것을 싫어하는 사람들도 있습니다. 즐거운 기분일 때는 내리는 비와 빗소리가 낭만적일 수도 있지만, 우울할 때는 더욱 기분을 가라앉히기도 합니다. 이처럼 기분에 따라서 행복의 재료가 될 수도 있고 그렇지 않을 수도 있습니다.

어른이 되면서 이성적인 사고가 우세하여 감성적인 면이 줄어들게 되면 전에 행복의 재료였던 것이 행복 재료 목록에서 빠지는 경우도 있습니다. 눈이 오게 되면 교통이 막히고 질척거리는 거리를 걷는 것을 먼저 떠올리는 사람들이 바로 그런 경우입니다. 어린 시절을 돌이켜보면 눈이 오면 눈이 와서 즐겁고, 비가 오면 비가 와서 즐거웠습니다. 하지만 나이가 들어가며 여유를 잃어가고 살아가기 위한 현실적인 문제에 빠져들다 보면 감성은 점점 무디어가게 됩니다. 감성이 무디어질수록 행복의 재료는 줄어들 수밖에 없습니다. 결국 행복을 느낄 수 있는 확률 또한 줄어들게 되는 것입니다.

행복은 주변에 보이는 것들을 아름다운 것으로 인식할 때 느낄 수 있습니다. 아름다운 것으로 인식하는 것은 욕심 없이 바라보고 이해하기 때문입니다. 욕심을 내려놓고 마음을 비워야 비로소 보이는 것들이 있습니다. 마음을 비우면 비울 수록 자신을 둘러싼 사람들과 사물들이 얼마나 배려해 왔는지를 이해하게 됩니다. 이해하게 되면 감사하게 되고, 감사한 마음으로 대하면 행복을 느낄 수 있습니다.

온 세상을 하얗게 뒤덮는 함박눈, 바람결에 실려온 꽃향기, 구수한 된장찌개 냄새, 화창한 아침 새들의 노랫소리, 바람에 나뭇잎 흔들리는 소리, 철썩거리는 파도 소리, 어린아이들의 환한 웃음소리, 방긋 웃는 아기의 미소, 부모님의 따스한 손길, 나른한 오후 커피 한잔의 순간을 마음 깊이 느낄 때 행복 요리가 만들어졌음을 알게 됩니다. 아무리 맛있는 것을 먹어도 생각이 다른 곳에 있으면 진정한 맛을 느낄 수가 없습니다. 이처럼 행복 요리도 지금 이 순간의 아름다움과 함께해야 비로소 느낄 수가 있습니다. 북아메리카 인디언 나바호족은 둘러싼 모든 환경에 아름다움을 바라보며 즐거움이 깃든 인생을 살아가기를 염원했습니다. 그들의 터전을 빼앗아버린 백인 정복자들의 삶은 아직도 새로운 세계에 대한 도전과 개척이라는 명분으로 잔재가 남아 있습니다. 서로 같이 상생하는 삶이 아닌 뺏고 빼앗기는 삶 속에서 행복을 느끼는 것은 어려울 수밖에 없습니다.

비교하고 경쟁하는 삶은 세상의 아름다움을 가려버립니다. 또한 자신만의 세상을 고집하며 피해를 주는 이기적인 행동은 결국 자멸하는 길이 됩니다. 과수 재배량을 늘리기 위해 사용하는 농약에 의해 꿀벌이 사라지고 있습니다. 꿀벌이 채취한 꿀에 들어있는 독성을 유충이 먹으면서 죽기 때문입니다. 채취한 꿀을 빼앗아서 먹는 사람들 또한 독성이 담긴 꿀을 먹고 있는지도 모릅니다. 더 심각한 것은 꿀벌이 없으면 꽃의 수술에서 꽃가루를 묻혀 암술에 옮겨 열매를 맺게 해주는 매개체가 사라져 과수나무 또한 사라질 수 있다는 것입니다.

세상 만물이 유기적으로 연결되어 있다는 것을 이해할 필요가 있습니다. 그리고 이 세상에 태어난 모든 만물은 존중받아 마땅하다는 것도 알아야 합니다. 결국 자신에게 도움을 주는 존재라는 것을 이해한다면 사방을 둘러봐도 아름다운 존재로 둘러싸여 있음을 자각하게 될 것입니다.

〈행복을 위한 기도문 – 나바호족〉

아름다움 속에서 걸을 수 있기를
종일 걸을 수 있기를
돌아오는 계절 두루 걸을 수 있기를
아름답게 다시 소유할 수 있기를
꽃가루가 뿌려진 오솔길을 걸을 수 있기를
내 앞에 있는 아름다움과 함께 걸어갈 수 있기를
내 뒤에 있는 아름다움과 함께 걸어갈 수 있기를
내 위에 있는 아름다움과 함께 걸어갈 수 있기를
내 아래에 있는 아름다움과 함께 걸어갈 수 있기를
내 주위 모든 곳의 아름다움과 함께 걸어갈 수 있기를
늙어서도 아름다운 오솔길을 힘차게 걸을 수 있기를
아름다움 안에서 모든 것이 끝나기를

Chapter 3

창조적 향유

Enjoy

the little

Things

It's

——

the little things

that make

life big

행복의 창조

창조는 고정관념의 틀에서 벗어나 사물을 새롭게 바라볼 때 만들어집니다. 그렇다면 행복을 창조한다는 것은 어떤 의미일까요? 행복 창조는 내 주변 환경을 행복에 쉽게 노출될 수 있는 환경으로 조성하는 것입니다.

사실 행복을 창조하기 위해서는 현실을 이해하고 수용하는 절차가 필요합니다. 부정적인 마음의 정화가 전제되어야 비로소 소통의 길이 열리고 이해하게 되기 때문입니다. 이해하게 되면 전에는 별로 알고 싶지 않았던 새로운 면을 보게 됩니다. 새로운 것을 찾는 것은 우연히 발견될 수도 있지만, 마음이 고요할 때 주변에서 일어나는 일들이 오감을 통해 강하게 전달됩니다. 새로운 것을 찾는 것이 창조이고, 즐거움과 기쁨의 감정으로 다가오면 바로 이것이 행복 창조라고 볼 수 있습니다.

전에는 우울하게 느껴졌던 회사, 학교, 집과 오고 가던 길에서 행복이 느껴진다면 창조된 행복의 꽃을 여기저기 심어 놨기 때문일 것입니다. 학교 교정을 지나갈 때 벤치에 앉아서 환한 미소로 즐거운 대화를 나누던 친구가 생각날 때 그리움이 밀려옵니다. 벤치는 그냥 벤치일 뿐이지만, 좋았던 기억을 간직했던 특별함으로 다가오기 때문에 누군가에겐 행복을 주는 벤치입니다. 출퇴근 길에 무심코 지나치던 벚나무도 날마다 바라보면 초봄에 꽃망울이 올라오고, 화창한 봄날 하얀 꽃이 피어 하늘을 뒤덮고, 꽃이 눈송이처럼 떨어져 내리며, 여름날 초록 잎으로 시원한 그늘을 만들고, 단풍이 들어 알록달록 가을날을 채색하며, 늦가을에 낙엽이 지고, 겨울이 되면 앙상한 가지만 남게 되는 사계절의 변화를 통해 새로움을 느낄 수 있습니다.

새로움을 발견하거나, 가치 있는 의미를 부여하는 일은 행복을 가져다줍니다.

사실 행복을 창조한다는 것은 사물을 얼마나 긍정적으로 바라보느냐에 달려 있습니다. 달을 바라볼 때 달이 슬퍼 보이는 것이 아니라, 바라보는 사람의 마음이 슬픈 것입니다. 마음이 평온하거나 즐거우면 달을 바라볼 때 행복했던 추억을 떠올리며 미소를 지을 수도 있습니다. 이처럼 한순간에 일어나는 마음이 행복과 불행을 갈라놓습니다. 따라서 행복한 상태를 가급적 오랫동안 유지하기 위해서는 긍정적인 면을 얼마나 찾느냐에 달려 있습니다.

행복을 창조하기 위해 긍정적인 사고와 함께 중요한 것이 있습니다.

바로 일상에서 즐거운 일을 만드는 것입니다. 긍정적인 사고로 일에 임한다면 무슨 일을 하든지 새롭고 의미 있는 일로 다가올 것입니다. 새롭고 의미 있는 즐거웠던 기억은 행복했던 기억으로 뇌에 저장되고, 뇌의 긍정화 과정을 더욱 발전시켜 나가게 됩니다. 이런 긍정화 과정을 통해 몰입할 수 있는 창조적인 일이 만들어집니다. 일이 재미가 없다면 몰입할 수 없듯이, 새로운 것을 발견하고자 하는 탐구욕에 의해 몰입이 이루어지게 됩니다. 몰입하면 새로운 아이디어가 나오고, 새로운 아이디어에 의해 새로운 직업과 일자리가 만들어질 수 있습니다.

이처럼 행복하기 위해서는 마음의 긍정화도 중요하지만, 우리가 하는 일에 따라서 행복과 불행이 나누어지기도 합니다. 누군가에 의해 강요되거나, 주변에서 좋다고 따라 하는 일에서 행복을 찾기는 쉽지 않습니다. 자기 스스로 찾는 과정에서 시행착오는 있을 수 있어도 결국 만족스러운 일을 찾을 수가 있습니다. 왜냐하면 일에 의미를 부여할 수 있기 때문입니다. 대다수 사람은 수동적인 일을 하면서 일에 대한 의미를 부여하지는 않습니다. 스스로 선택한 일에서 의미를 부여하게 되면 더 많은 호기심과 흥미를 갖고 즐겁게 일에 임할 수 있습니다.

어떤 사람이 건물을 짓기 위해 벽을 쌓고 있는 세 사람의 벽돌공에게 물었습니다.

"당신은 무슨 일을 하고 있습니까?"

한 벽돌공이 대답했습니다. "보시다시피 벽돌을 쌓고 있지요." 두 번째 벽돌공에게 똑같이 물었습니다. "시간당 9달러 30센트짜리 일을 하고 있습니다." 이번에는 세 번째 벽돌공에게 물어보았습니다. "저요? 저는 지금 세계 최대의 성당을 짓고 있어요."

이처럼 자기가 하는 일에 대해 의미를 부여하게 되면 일의 가치가 달라질 수 있습니다. 결국은 일에 가치 있는 의미를 부여하는 것은 긍정적인 사고를 통해야 합니다. 긍정적 사고를 통한 사물의 새로운 모습을 재발견하거나, 일에 의미를 부여하는 것이 행복을 창조하는 길입니다.

놀이 속에 행복이 있다

현재 하는 일이 즐겁지 않다면 하고 싶은 일이 아닌 하고 싶지 않은 일을 하거나, 해야 할 일을 하고 있기 때문입니다. 하고 싶지 않은 일을 억지로 하거나, 책임을 느끼며 의무적으로 해야 할 일로 일상을 채워나가면 스트레스를 받지만, 하고 싶은 일은 생각만 해도 즐거운 느낌을 가져다줍니다. 그렇기에 현재 하는 일이 즐겁게 느껴진다면 놀이를 하는 것과 같습니다.

아이들은 해야 할 일을 찾지 않습니다. 하고 싶은 재밌는 것을 찾기 때문에 성인보다 행복을 더 잘 느낄 수 있습니다. 어린 시절 호기심을 가졌던 대상에 대해서는 시간 가는 줄 모르게 몰입했던 경험들이 있을 것입니다. 만화책에 몰입하든지, 게임에 몰입하든지 몰입을 한다는 것은 재미가 있기 때문입니다. 재미없이 하는 것은 놀이라고 볼 수가 없습니다. 놀이를 통한 몰입의 경험은 뇌의 발달을 촉진합니다. 함께 하는 놀이라면 사회성 발달에도 도움을 주게 됩니다. 놀이는 마음의 경계를 허물고 다른 사람들이 감정을 이해하고 관계를 맺게 도와줍니다. 미하이 칙센트미하이Mihály Csíkszentmihályi 박사는 몰입에 대해 다음과 같이 설명합니다.

"불교에서 말하는 것처럼 우리 마음은 온갖 잡념으로 원숭이처럼 여기저기 뛰어다닙니다. 어떤 것에 반응하는 것이 아니라 내가 살아있다는 느낌, 내가 스스로 나의 의지에 따라 집중하고 있다는 게 중요합니다. 그것이 사람이든, 어떤 대상이든 푹 빠져있는 상태가 몰입입니다."

놀이를 통해 몰입하게 되면 자신에 대해 고민할 여유가 없어지게 됩니다. 그리고 다른 사람을 의식하지 않기 때문에 자유로움을 느낄 수 있습니다. 칙센트미하이 박사는 다른 사람에게 어떻게 보이는지에 집착하면 행복할 수 없기에 다른 사람의 기준이 아닌 자기 자신의 기준을 찾으라고 말합니다.

"몰입은 시간의 개념도 바꾸게 됩니다. 몰입 정도에 따라 시간을 짧게 느끼기도, 길게 느낄 수도 있습니다. 몰입은 그에 따른 외부적인 보상도 필요 없습니다. 그 일을 하는 것 자체가 좋기 때문입니다."

세계적으로 유명한 완구업체인 레고Lego는 놀이는 4가지 특징이 있다는 것을 발견하였습니다.

첫 번째는 감시에서 벗어난 자신만의 세계입니다. 어릴 때는 어른들에게서 벗어난 공간을 원하고 자신만의 세계를 갖고 싶어 합니다. 어른이 되어서도 가정에서, 직장에서 벗어나 자유를 느낄 수 있는 공간을 찾아서 즐기는 경향이 있습니다.

두 번째는 등급과 서열입니다. 아이들은 놀이할 때 순위를 매기고 평판을 얻는 것을 즐깁니다. 어른들 또한 즐기는 놀이에도 승부를 걸어 짜릿함을 즐기는 것을 좋아합니다.

세 번째는 기술습득입니다. 아이들은 무엇인가 마스터 하기를 좋아하고, 이를 위해 반복도 마다치 않습니다. 즐겁게 몰입해서 하는 놀이를 하다 보면 시간이 쌓일수록 그 분야에 대한 전문성이 나타나기 시작합니다.

네 번째는 사회적 놀이입니다. 아이들은 사회적 놀이를 좋아합니다. 혼자서 즐기는 놀이도 있지만 대체로 같이 어울려서 즐기는 놀이는 즐거움이 배가 됩니다.

이처럼 놀이는 구속되지 않고 해방된 시공간 속에서 혼자 또는 여러 사람과 함께 몰입을 통한 부담 없는 소소한 즐거움을 느끼는 행위라고 볼 수 있습니다. 무엇인가를 마스터 하고 전문성을 가져야 하겠다고 욕심이 들어간다면 그 순간부터는 놀이라고 볼 수 없습니다.

놀이는 자발적으로 행해지기 때문에 누군가의 지시나 명령으로 행해지는 것은 이미 놀이가 아닌 노동이라고 볼 수 있습니다. 공부를 해야 하거나 일을 해야 하는 책임과 의무감에서 벗어나 휴식을 주는 것이 놀이입니다. 삶을 살아가면서 책임과 의무를 다해야 할 일은 처한 상황에 따라 언제든지 있기 마련입니다. 하지만 놀이를 통한 휴식이 없는 삶은 마른 토양에서 자라는 나무와 같습니다. 놀이를 통해 얻는 만남과 기술습득 그리고 창의적 사고는 마른 토양에 제공하는 물과 양분입니다.

놀이는 누군가의 간섭이 없고 상하 구분이 없는 평등한 관계에서 이루어집니다. 놀이를 통한 진정한 즐거움은 속박과 지배가 아닌 자유와 상호 공감대가 형성되어야 만들어지는 것입니다. 해야 할 일 보다는 하고 싶은 일을 늘려야 행복할 수 있습니다. 하고 싶은 일을 늘린다고 해야 할 일을 줄여야 한다는 얘기는 아닙니다. 해야 할 일을 어떻게 하면 즐거운 놀이로 인식할 수 있느냐를 얘기하고 있는 것입니다. 지금 하는 일을 간섭과 속박이 아닌 놀이로 여기기 위해서는 처해 있는 일을 바라보는 사고의 전환이 필요합니다.

자신이 하는 일은 자발적으로 필요해서 하는 것이고, 간혹 잘 풀리지 않는 일들은 게임처럼 인식하고 다시 시작하면 되는 것입니다. 게임을 즐기는 사람은 심각하게 게임 결과를 받아들이지 않듯이 결과가 좋지 않은 일을 심각하게 받아들일 필요는 없습니다. 삶은 산을 오르듯이 오르막 내리막이 같이 있기 때문입니다. 즐겁고 밝은 긍정적인 면을 찾기 시작하면 무슨 일이든 놀이처럼 여기는 마음의 여유가 생길 수 있을 것입니다.

매사에 소소한 즐거움을 느끼는 여유는 자신만을 위하거나 타인만을 위하는 삶이 아니라 자신과 타인 모두를 바라보고 공감했을 때 찾아오게 됩니다. 감각적인 놀이도 필요하겠지만 상호 도움을 주고받을 수 있고 자아 성장에 도움을 줄 수 있는 생산적인 놀이를 만들어 갈 필요가 있습니다. 놀이는 관계 속에서 진정한 행복을 찾는 도구이기 때문입니다.

하고 싶은 것과 해야 하는 것

꿈을 추구하는 데 있어서 우리는 하고 싶은 것과 해야 하는 것에 대한 기준을 명확히 이해할 필요가 있습니다.

하고 싶은 것은 현재 마음속에서 움직이는 감성적인 욕구입니다. 반면에 해야 하는 것은 사회규범 또는 윤리에 비추어 보았을 때 해야만 하는 이성적인 욕구라고 볼 수 있습니다.

하고 싶은 것을 원할 때는 두 가지 고려해야 할 사항이 있습니다.

첫 번째는 나도 좋고 다른 사람도 좋은가를 고려하는 자리이타(自利利他)의 마음입니다. 하고 싶은 것을 했을 때 다른 사람은 물론이고 자신에게도 해가 되는 것을 아는데도 불구하고 원한다면 진정으로 하고 싶은 것이 아니라고 볼 수 있습니다. 정상적으로는 해서는 안 된다는 분별력이 작용해야 하기 때문입니다.

요즘 사람들은 스마트폰을 가지고 많은 시간을 보내는데 스트레스를 풀기 위해 스마트폰을 사용하는 것은 아무런 문제가 없습니다. 정보를 얻고 적당히 스트레스를 풀기 위해 하는 것은 좋지만, 도가 지나치게 되면 자신의 심신이 피로해질 수가 있습니다. 과유불급(過猶不及) 즉, 지나침은 모자라는 것만 못한 것입니다.

하고 싶은 것을 한다고 했을 때 주변 사람들에게 피해가 되지 않는지를 항상 고려할 필요가 있습니다. 공공장소에서 게임을 하면서 스마트폰 스피커를 켜놓고 주변 사람에게 피해를 주는 행위는 자신은 즐거울지 모르겠지만, 엄연히 다른 사람들의 사생활을 침해하는 행위입니다. 역으로 생각해보았을 때 지하철에서 피곤해서 앉아서 조용히 쉬고 싶은데 스마트폰 스피커를 크게 틀어놓고 게임을 하는 사람들과 큰 소리로 전화를 하는 사람들이 있다면 짜증이 날 것입니다.

하고 싶은 것을 한다고 주택가에 높고 멋진 건물을 지었을 때 본인은 즐겁고 꿈을 이루었다고 생각할지 모르겠지만, 주변 낮은 주택에 사는 사람들의 일조권을 침해하고 주변환경과는 이질적이고 위화감을 준다면 이 또한 올바른 욕구가 아닙니다. 자신은 편할지 모르겠지만 다른 사람의 이익과 편의를 침해하기 때문입니다.

두 번째는 하고 싶은 것을 했을 때 내 능력에 대한 이해가 필요합니다. 청소년을 지나고 성년이 되면 어느 정도는 자신이 잘할 수 있는 일인가를 판단할 수 있는 능력이 있습니다. 국가대표 축구선수가 되고 싶다고 했을 때 본인이 선수로서 자질이 있는지 없는지를 더 잘 알 텐데 무모하게 도전하는 것은 시간 낭비일 뿐입니다. 실패도 경험이라고 할 수 있겠지만 길지 않은 인생에서, 특히 젊은 시절의 시간은 풍요로운 미래를 위한 소중한 시간입니다. 하고 싶은 것은 본인도 확신할 수 없는 별을 추구하는 것이 아니라, 도전할만한 가치가 있고 본인의 기질과도 맞는 일을 찾는 것이라고 볼 수 있습니다.

주변 사람들의 생각에 자신의 꿈을 맞추지 말고 자신의 내면에서 우러나오고 보람 있다고 판단되는 일을 해야 합니다. 현재 자신이 처해 있는 상황을 현실적으로 자각하고 하고 싶은 꿈 중에서 확률이 높은 것에 도전해야 합니다. 감이 떨어지기를 기다리면서 나무 아래에서 입만 벌리고 있는 것이 아니라 내 힘으로 나무를 흔들어 볼 수 있고, 민첩하다면 나무에 올라가서 딸 수도 있습니다. 머리가 좋다면 도구를 사용할 수 있고, 돈이 있다면 차라리 사서 먹을 수도 있습니다.

해야 하는 것은 하고 싶은 것과 무관하지 않습니다. 하고 싶은 것을 이루기 위해서 해야 하는 것이 선행되어야 하기 때문입니다. 운동선수가 되기 위해서는 꾸준한 운동을 날마다 해서 기량을 쌓아야 하고, 멋진 집에서 살아보고 싶다면 멋진 집이 어떤 집인지 본인의 생각을 나타내는 설계부터 시작하고, 벽돌을 하나씩 쌓아가야 합니다. 이렇듯이 하고 싶은 것은 해야 하는 것을 꾸준히 하다 보면 저절로 이룰 수도 있습니다. 그렇기에 해야 하는 것을 의무적으로만 생각할 것이 아니라 하고 싶은 것으로 나아가기 위한 과정으로 생각할 필요가 있습니다. 즐거운 마음으로 임한다면 해야 할 의무가 아닌, 하고 싶은 놀이가 되기 때문입니다.

따라서 만약 의무적으로 해야 할 일들이 있다면 부정적 시각에서 긍정적인 시각으로 변화시키고, 구속이라는 생각에 사로잡힌 관념에서 자유롭게 하기 위한 과정으로 이해해야 합니다. 비가 오면 세상이 맑게 씻겨서 깨끗해서 좋고, 태풍이 불면 공기 중에 안 좋은 기운을 몰아가서 좋은 것입니다. 비가 와서 우울하고 태풍이 불어 불안한 것은 마음이 부정적 마음에 사로잡혀 있기 때문입니다. 인생을 해야 할 의무로 가득 채우면 불교에서 말하는 고통 즉, 고(苦)일 뿐입니다. 인생이 무상(無常)하기에, 머물러 있지 않고 변하기 때문에 영원한 것은 없다는 것을 이해해야 합니다. 현상을 흘려보내지 않고 집착하기 때문에 고통을 스스로 만들게 되는 것입니다. 자연에서는 태어나서, 늙고, 병들고, 죽는 과정으로서의 생로병사를 거치지 않는 것이 없습니다. 머물러 있지 않고 변하기 때문에 존재가 사라졌지만, 다시 태어나는 희망을 자연은 보여주고 있습니다. 독립된 존재로서의 영원한 실체가 없기에 의무와 속박이라는 틀에 스스로 얽매일 필요가 없는 것입니다.

이처럼 매사에 얽매이지 않고 자신을 자유롭게 해방하는 긍정적 마음을 가지는 연습을 할수록 하고 싶은 일로 가득 채우는 일상으로 인해 행복은 항상 가까이에 있을 것입니다.

직업에 대한 조기교육의 필요성

대학이 직업을 얻기 위해 졸업 및 자격을 취득해야 하는 곳으로 전락하는 현실에서는 진정으로 좋아하는 일을 할 기회가 줄어들 수밖에 없습니다. 올바른 직업 선택을 위해서는 나이가 어릴 때부터 스스로 좋아하는 것을 찾는 연습이 필요합니다. 이를 위해 부모들은 초등학교부터 자녀들이 어떤 분야에 관심을 두는지를 유심히 지켜볼 필요가 있습니다.

최근 직업 인기도 통계에 의하면 셰프 열풍에 따라 어린이와 청소년들에게 셰프(요리사)가 가장 인기 있는 직업으로 통계가 나온 바 있습니다. 방송은 유행을 따라가기 마련입니다. 그렇기에 사람들에게 유행하고 있는 것을 더 집중적으로 방송하게 됩니다. 하지만 아직 어린이나 청소년들은 경험이 많지 않기 때문에 올바른 판단을 하기에는 미숙할 수밖에 없습니다. 단순히 방송 매체와 주변에서 듣는 단편적인 정보를 통해 원하는 직업을 선택하고 많은 시행착오를 겪을 수가 있는 것입니다. 힘든 요리 과정을 경험해 보지 않은 채 겉으로 보이는 화려한 모습만 보고 섣불리 자신의 적성이라고 판단하게 되기 때문입니다. 그러나 자신과 어긋난 직업 선택은 자칫 성취감을 통한 자존감을 쌓아야 할 중요한 시기에 좌절감으로 열정과 패기를 잃어버릴 수 있습니다.

물론 이러한 경험을 통해서도 자신의 진로에 대한 궤도를 수정할 수 있는 계기가 될 수도 있습니다. 경험해 보지 않고서는 자신에게 맞는 직업을 찾기가 쉽지 않기 때문입니다. 그렇기에 한순간의 유행에 편승하는 직업을 원한다고 해도 자녀들의 판단을 존중해 주고 시행착오를 겪으며 배울 수 있도록 지켜봐야 합니다. 욕구를 억누르게 되면 나이가 들어서라도 언젠가 분출되는 때가 오기 때문입니다. 어릴수록 말랑말랑한 사고를 하기에 받아들이기가 쉽습니다. 이 시기가 창의적인 사고를 키우기가 좋은 때입니다. 주입식 교육으로 길든 청소년들은 시간이 갈수록 자기 의견이 줄어들고 창의적인 사고를 하기 어렵다는 것을 우리는 잘 알고 있습니다.

창의적인 사고는 체험을 통한 외부경험과 독서를 통한 내부경험을 통해 만들어집니다. 자녀 교육에 관심이 많은 부모는 자녀를 위해 어릴 적부터 다양한 체험을 할 수 있도록 여러 곳을 데리고 다닙니다. 하지만 자녀들의 관심사가 아닌 부모가 의도적으로 정한 관심사는 실패 확률이 높습니다. 자녀들의 기질을 파악하지 않은 채로 많은 것을 보여주는 체험은 그들에게 흥미롭지 않기 때문입니다. 흥미가 없기에 기억에 강렬히 남을 수 없습니다. 여러 체험이 자녀들에게 언젠가는 도움이 되리라는 것은 부모들의 희망 사항일 뿐입니다.

사람들은 기질에 따라서 흥미를 갖는 대상이 다를 수 있습니다. 흥미가 있는 대상에 재미를 느끼고 재미가 있어서 몰입하게 됩니다. 그리고 몰입은 자신의 재능을 향상하는 데 도움을 주게 됩니다. 자녀들이 현재 관심사가 무엇인지를 관찰해야 잠재하고 있는 재능을 키워줄 수가 있습니다. 관심사를 파악하는 방법은 평소에 유심히 관찰하는 방법도 있겠지만, 현재 관심사에 대한 질의를 통한 꿈 진단지를 활용하는 방법도 도움이 될 수 있습니다. 꿈 진단지는 객관식보다는 주관식으로 내면에서 생각하는 있는 바를 끌어내는 방법이 효과적입니다.

진단지를 통해 관심사를 알게 되었다면 흥미를 느낄 수 있는 체험과 관련된 책을 지원하면서 현재 그들의 흥미 대상이 일시적인지 아니면 지속적인 적성에 맞는 분야인지를 파악해 보아야 합니다. 스포츠가 흥미 있는 분야라고 한다면 스포츠 분야에 대한 적성이 단지 스포츠 선수가 되어야 한다는 것은 아닙니다. 스포츠에 관한 관심은 분석 능력이 뛰어나다면 스포츠 해설가, 스포츠 도구와 용품에 관심이 있다면 스포츠용품 디자이너가 될 수도 있는 것입니다. 우선 관심사가 어떤 분야인지를 알았으면 자녀들의 기질에 맞는 성향을 분야에 접목해 보면서 비교 검토해야 합니다. 분야에 속해 있는 여러 직종(스포츠 해설가, 스포츠용품 디자이너 등)이 있을 수 있다는 것을 알려 주어야 하나의 직종(스포츠맨)만 본다면 그 능력에 도달하지 못함을 좌절하는 것을 방지할 수 있기 때문입니다.

좋아하는 것(스포츠)과 잘하는 것(언변, 디자인 능력 등)은 융합될수록 많은 새로운 가치를 창출할 수 있습니다. 많은 사람이 좋아하는 일과 잘하는 일은 구분되어야 한다고 생각하는 경향이 있습니다. 하지만 좋아하는 일과 잘하는 일에 대한 융합을 통해 새로운 직업, 창직(創職)이 만들어지게 됩니다. 창직은 치열한 경쟁 속에서의 넘버 원 Number One이 아닌 온리 원Only One으로, 자신만의 특성을 반영한 일을 창출하게 됩니다.

부모는 자녀들에게 맞는 직업을 규정하지 말고 장기간에 걸쳐서 지켜보며 조력자로서 역할에 머물러야 합니다. 또한 자녀들에게 맞는 재능을 발굴하고 자신과 사회에 모두 이롭게 할 수 있도록 전략을 세워야 합니다. 전략은 어떤 목표에 도달하기 위한 최적의 방법입니다. 성공적인 전략은 부모부터 우선 모범이 되고, 자녀들이 올바르게 찾아나갈 수 있는 시간까지 인내할 수 있는 노력에서부터 나오게 됩니다. 올바른 직업 선택이라는 중장기 전략을 세운 후에는 자녀의 재능 관찰을 통해 적절한 시기에 관련된 직간접 체험을 시킬 수 있는 전술이 필요합니다.

직간접 체험에서 학교에서 배우는 공부 과목과 무관하거나 시험성적을 올리는 데 도움이 안 된다고 자녀의 관심을 무시하는 것은 좋은 방법이 아닙니다. 적절한 동기부여를 할 수 있는 일과 타이밍을 찾을 필요가 있습니다. 자녀가 좋아하거나 잘하는 분야에 관해 작은 성취에 대해 격려하면서 자존감을 형성할 수 있도록 응원을 해 주어야 합니다. 비록 좋아하는 분야에 노력했지만 실패하는 날이 오더라도 그것은 실패가 아니고 잘할 수 있는 것과 융합하기 위한 과정이라는 것을 설명해 줄 필요가 있습니다.

평균 수명이 점점 늘어나면서 100세 인생을 살아가는 시대가 되었습니다. 자녀들은 그 이상을 살아갈지도 모릅니다. 부모는 물론이고 자녀 또한 대학 졸업 후 50세를 전후해서 일에서 은퇴하는 것이 어려울 수 있습니다. 그렇기에 계속 일을 스스로 만들거나 서로 협업할 수 있는 공동의 일을 만들어 나갈 수 있도록 훈련이 되어야 합니다. 이러한 훈련은 나이가 어릴수록 좋지만, 지금부터라도 고정된 생각에서 갇혀왔던 틀을 깨려고 한다면 늦은 것이 아닙니다.

첨단시대로 나아갈수록 전산화, 기계화에 의한 인간들의 할 수 있는 지식과 육체에 기반을 둔 일들은 점점 줄어들 것입니다. 하지만 훈련된 유연한 사고에 의한 창의적인 일들을 다양하게 만들어 갈 수 있다면 한정된 일을 놓고 경쟁하는 구조에서 조금씩 벗어날 수 있는 계기를 열게 될 것입니다.

스스로 만드는 일

시대는 첨단 기술로 인한 정보화 사회로 변모함에 따라 앞으로의 노동시장도 기존 직업이 사라지고 새로운 직업이 생겨나는 변화가 더 빨리 가속될 것입니다. 옥스퍼드대학 보고서에 의하면 현재 직업의 47%는 20년 내 사라진다고 합니다. 알파고와 같은 첨단 지능을 가진 컴퓨터와 로봇에 의해 앞으로 사람들이 하는 일이 대체된다는 것은 이미 예측이 가능한 상황입니다. 이런 상황에서 직업을 사회가 만들어 놓은 틀에서만 생각하고 준비한다면 원하는 일을 찾을 기회가 점점 줄어들게 될 것입니다. 그렇기에 변화의 속도가 빠른 현재와 미래 사회에 적응하기 위해 새로운 일을 스스로 만들어야 하는 준비가 필요합니다.

청년이나 중년의 나이에는 직장을 다니면서도 자신의 흥미를 끄는 취미를 찾을 필요가 있습니다. 취미도 오랫동안 노하우가 쌓이면 전문가 못지않은 실력으로 은퇴 후 일을 찾을 때 적성에 부합되는 일을 찾기 쉽기 때문입니다. 창의적 일자리는 현업에서 배운 지식과 노하우가 취미와 융합이 되었을 때 더 쉽게 만들어질 수 있습니다. 창의력은 지식과 경험이 축적되어야 하고 창의적 사고기술을 통해 나오게 됩니다. 특히 창의적 사고기술은 천재와 같은 타고난 사람들만이 보유한 능력이라고 생각할 수도 있겠지만, 원래 인간은 창의적인 능력을 갖추고 태어났습니다. 인간은 오랫동안 변화에 대응해 오면서 생존해 왔습니다. 창의적인 능력을 발휘하지 못했다면 자연의 변화에 취약한 인간은 오래전에 사라졌을 것입니다. 창의력은 일하는 자체가 즐겁고 문제를 해결하고 싶다는 내적 동기가 발현되어 열정적으로 일에 임하게 될 때 자연스럽게 나오게 됩니다.

평균 수명이 높아짐에 따라 일에 대한 수요는 점점 늘어나고 한정된 일자리를 놓고 경쟁할 수밖에 없는 상황입니다. 일자리가 부족하게 되면 가계 경제가 부실해져서 소비할 수 있는 여력이 줄어듭니다. 결국 경기는 더욱 침체하면서 일자리 또한 줄어들면서 악순환이 발생하게 됩니다. 그래서 일자리 창출에 대한 노력은 범정부적인 노력에만 의존하지 말고 스스로 수요를 창출할 수 있는 능력을 키워나가야 합니다. 한정된 일자리를 놓고 좁은 기업 문을 통과하려고 경쟁하는 청년 중에서 많은 사람은 실업의 상태를 경험할 수밖에 없습니다. 또한 은퇴한 사람들도 준비해 놓은 노후자금이 부족하다면 어쩔 수 없이 구직에 나설 수밖에 없습니다. 최근 은퇴 연령층들이 퇴직 후에도 일을 찾는 반퇴(半退) 인생은 이미 그들에게 받아들일 수밖에 없는 현실이 되었습니다.

스스로 일을 만들어 나가는 창직은 받아들이기에 낯설기만 할 것입니다. 낯선 것에 익숙해지기 위해서는 미리 준비하고 적응하는 과정이 필요합니다. 노동시장의 격변기에 접어들고 있는 현실에서 미래에 대한 준비를 회피한다고 능사는 아닙니다. 결국 이러한 노동시장의 변화는 저마다 가진 가치 있는, 원하는 일을 찾으라는 전지전능한 절대자의 신호일지도 모릅니다.

위기를 기회로 만들기 위해서는 순종하거나 주저앉는 것이 아니라 적극적으로 과거와는 다른 변화를 추구해야 합니다. 주역에서는 궁하면 변해야 하고(窮則變), 변하면 통한다(變則通)고 말합니다. 장애물이 놓여 있어 상황이 여의치 않으면 다른 길을 모색해야 통할 수 있는 것입니다.

그렇다면 어떻게 스스로 만드는 일을 찾을 수 있을까요? 혼자서만 좋아하고 만족하는 일은 취미가 될 수는 있지만 다른 사람이 가치를 인정해주지 않으면 직업으로 분류될 수 없습니다.

우선 일은 가치 있는 것을 주고받으면서 주는 사람과 받는 사람 모두 만족해야 합니다. 가치 있는 일을 찾기 위해서는 더욱 나은 세상을 만들기 위해 도움이 될 수 있는 일이 무엇인지를 생각해보아야 합니다. 도움이 될 수 있는 일을 찾기 위해서 자기 자신을 위한 꿈과 다른 사람과 함께 하고 싶은 꿈을 조합해 볼 필요가 있습니다. 그렇다면 꿈 목록을 작성해 보고 자신이 원하는 꿈들을 끌어내어 꿈에 대한 키워드를 조합해보면 무엇을 원하는지를 알 수 있습니다. 예를 들어 꿈 목록을 작성해 보았을 때 다음의 3가지 꿈 목록을 예를 들어보겠습니다.

1. 전국 맛집 여행을 하고 싶다.

2. 전문상담 자격증을 따고 싶다.

3. 심신의 건강을 위해 요가를 배우고 싶다.

위의 3가지 꿈 목록에 대한 여행, 상담, 건강 등에 관련된 꿈 키워드를 조합해보면 힐링 투어 컨설턴트Healing Tour Consultant, 즉 건강 관련 전문여행 컨설턴트라는 직업을 새롭게 만들 수 있습니다. 꿈을 주기적으로 끌어내어 키워드를 조합하는 연습을 하다 보면 자신도 만족하면서 다른 사람에게도 가치를 나눌 수 있는 다양한 일들을 만들 수 있습니다.

스스로 만드는 일 즉, 창직(創職)이란 지금까지 존재하지 않았던 새로운 일을 만드는 것을 의미합니다. 사람들은 저마다 고유한 특성이 있기에 가진 지식과 흥미에 따라 원하는 일도 다를 수밖에 없습니다. 다른 사람이 만들어 놓은 일 중에서 적성에 맞는 일도 물론 있을 수 있습니다. 하지만 스스로 찾아낸 일들이 자신에게 행복을 가져다주는 일이라는 것을 알아야 합니다.

자신에게 맞는 일을 찾는 것은 하나가 아닌 여러 개가 될 수도 있습니다. 좋아하는 놀이가 하나만 있는 것이 아니듯이 일을 놀이와 같이 생각하면 많은 새로운 일들이 만들어지게 됩니다. 스스로 일을 만드는 창직의 삶은 인간 본연의 본성을 실천하는 삶입니다. 산업화 시대 이전에도 스스로 일을 찾으면서 전문적인 일을 하는 장인들과 예술가의 삶을 살아간 사람들이 있습니다. 산업혁명 이후 효율과 효과를 추구하는 생산 방식에 의해 많은 사람이 기계 부속과 같은 노동자의 삶으로 전락하게 되었습니다. 그러나 시대는 개인의 적성을 찾고 꽃피울 수 있게 하는 개성화된 시대로 나아가고 있습니다. 인터넷은 예전 작은 단위의 공동체에서 이루어진 관계의 범위를 전 세계적으로 소통할 수 있고 관계를 넓힐 수 있는 채널로서 역할을 하고 있습니다. 예전 자본가에게만 주어졌던 힘이 개인에게로 넘어가고 있는 것입니다.

자신이 원한다면 한정된 틀을 벗어나 온라인 오프라인을 통해 관계를 형성하고 소통하고, 때론 개인이 가진 아이디어를 가지고 새로운 서비스를 그들에게 제공할 수 있습니다. 산업시대, 정보화시대를 넘어서 바야흐로 지금은 4차 산업혁명 시대로 접어들고 있습니다. 4차 산업혁명 시대는 소비자가 생산자가 될 수 있는 프로슈머Prosumer의 시대입니다. 누구나 노예가 아닌 주인이 될 수 있는 새로운 시대로 접어들고 있다는 것을 이해할 필요가 있습니다. 협업과 융합의 시대에는 누구든지 세상을 살기 좋게 만들기 위해 이바지할 기반이 마련됩니다.

일을 얻기 위해 경쟁하고 이기는 것은 물자가 부족했던 시대를 살아갔던 옛 구시대적인 산물이라는 것을 알아야 합니다. 협업하고 인생의 가치를 높일 수 있는 것에 지지하고 열광하는 시대를 만들어 가는 것이 현재 융합과 소통의 시대에 맞게 적응해 나가는 방편입니다.

지금은 미약하지만 그러한 조류가 형성되어 세상을 움직이게 되면 더욱 풍요롭고 보람된 삶을 살아갈 날이 머지않을 것입니다.

◆ 직업정의 예시

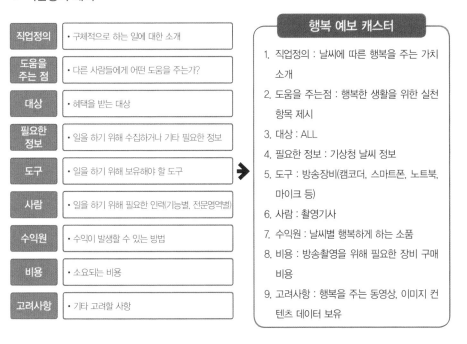

직업정의	• 구체적으로 하는 일에 대한 소개
도움을 주는 점	• 다른 사람들에게 어떤 도움을 주는가?
대상	• 혜택을 받는 대상
필요한 정보	• 일을 하기 위해 수집하거나 기타 필요한 정보
도구	• 일을 하기 위해 보유해야 할 도구
사람	• 일을 하기 위해 필요한 인력(기능별, 전문영역별)
수익원	• 수익이 발생할 수 있는 방법
비용	• 소요되는 비용
고려사항	• 기타 고려할 사항

행복 예보 캐스터

1. 직업정의 : 날씨에 따른 행복을 주는 가치 소개
2. 도움을 주는점 : 행복한 생활을 위한 실천 항목 제시
3. 대상 : ALL
4. 필요한 정보 : 기상청 날씨 정보
5. 도구 : 방송장비(캠코더, 스마트폰, 노트북, 마이크 등)
6. 사람 : 촬영기사
7. 수익원 : 날씨별 행복하게 하는 소품
8. 비용 : 방송촬영을 위해 필요한 장비 구매 비용
9. 고려사항 : 행복을 주는 동영상, 이미지 컨텐츠 데이터 보유

일을 하는 이유

　일본에서 경영의 신(神)이라고 불리는 이나모리 가즈오 회장은 기업은 이타심에 기반을 둔, 직원을 배려하는 경영철학이 없이는 오래 존속하기 힘들다고 말했습니다. 기업의 생존을 위해서는 지식과 기술도 중요하고 경영 테크닉을 통한 이윤 추구도 중요할 것입니다. 하지만 직원이 행복하고 직원과 함께 번영해야 회사가 존속한다는 철학을 그는 강조하고 있습니다. 물론 기업이 이윤을 낼 수 없다면 회사의 존속은 물론이고 직원의 행복도 요원할 수 있습니다. 그렇기에 전제 조건으로 직원 모두가 하나의 방향으로 힘을 집결하는 것이 필요합니다.

　이나모리 가즈오 회장은 『왜 일하는가』라는 책에서 일은 먹고 살기 위한 수단이기도 하지만 더 중요한 것은 자신을 단련하고 내면을 닦기 위해서라고 말합니다. 내면을 닦기 위해서는 일을 받아들이는 자세가 진지해야 합니다. 진지한 마음으로 일에 대한 의미를 부여할 때 비로소 내면을 닦는 과정으로 다가가게 됩니다. 의미를 부여하게 되면 하는 일에 대한 자부심과 실천의 가치를 더 높일 수가 있습니다. 어떻게 하면 일을 더 잘할 수 있는지를 연구하게 되고, 일을 통한 자신의 성장과 타인을 향한 배려를 배우게 됩니다. 일에 의미를 부여하여 타인을 이롭게 하는 방향으로 나아가면 일의 가치는 더욱 커지게 되기 때문입니다.

일에 의미를 부여하면 몰입하게 되고, 몰입하게 되면 일에 대한 즐거움을 찾을 수 있습니다. 사람들은 자신의 재능에 맞거나 즐겁게 몰입할 수 있는 일을 찾았을 때 행복하고 보람된 삶을 살아갈 수 있다고 생각합니다. 그러나 비록 현재 하는 일이 자신에게 맞지 않는다면 일에 대한 의미와 가치를 부여해 볼 필요가 있습니다. 하지만 아무리 생각해보아도 의미와 가치를 부여할 수 없다고 판단되었을 때는 새로운 길을 알아보는 것이 좋을 수도 있습니다.

인생을 살아오면서 자신이 선택해 온 과정을 통해서 현재의 모습이 있습니다. 지금 상황이 좋든, 싫든 현재의 모습은 자신이 선택했기 때문에 남을 탓할 필요가 없습니다. 과거에서부터 선택해 온 과정을 통해 현재의 모습이 있고, 현재 어떤 마음가짐의 상태인지에 따라 미래의 모습을 좌우하게 됩니다. 그렇기에 선택에 후회가 없기 위해서는 어떤 선택이든 가치와 의미를 부여해야 합니다. 물론 가치가 있고 없음은 다른 이가 정하는 것이 아니라 바로 본인이 정하는 것입니다. 일에 대한 의미 있고 보람된 가치 부여는 삶을 풍요롭게 하고 행복한 마음으로 살아가게 합니다. 만약 좋은 의미와 가치를 부여한다고 해도 선택을 통해 역경이 찾아올 수도 있습니다. 이런 경우에는 혹시 자신만의 아집과 독선에 빠지지 않았는지 뒤돌아볼 필요가 있습니다. 모든 일에는 '참 자아'로 나아가기 위한 자신을 뒤돌아보게 하는 힌트가 있기 때문입니다.

일의 사전적 의미는 무엇을 이루거나 적절한 대가를 받기 위하여 어떤 장소에서 일정한 시간 동안 몸을 움직이거나 머리를 쓰는 활동을 의미합니다. 자신의 몸과 머리를 써서 정당한 대가를 받는다는 것은 물론 중요합니다. 그러나 대가만을 바라고 하는 일은 기쁨과 보람을 찾기 힘들 수 있습니다. 일은 자신이 가진 자원으로 다른 사람들을 행복하게 해줌으로써 대가를 받는다고 이해해야 합니다. 대가를 우선으로 할 때 일은 즐거움이 없는 노동으로 전락하게 됩니다.

직장에서는 대부분 일을 서로 협력하면서 추진하게 됩니다. 공동의 목표를 가지고 서로 교감하고 한 방향으로 나아가는 조직은 소통이 잘되고 서로 서로가 윈윈win-win 하는 구조로 되어있습니다. 이러한 조직이 되기까지에는 많은 다양한 의견을 수용하고 조정하는 역할을 하는 리더의 역할이 매우 중요하게 작용합니다. 여기서 리더는 더욱 나은 방향으로 유도하기 위하여 명확한 일에 대한 명분을 제시해야 합니다. 세상을 이롭게 한다는 거창한 명분이 아닐지라도 서로가 함께하는 것이 즐겁고, 상대방의 장점을 배워나가면서 성장해 나갈 수 있다는 것을 조직원들에게 인식시켜 주어야 합니다. 일을 통해 자신이 올바르게 변하고 세상 또한 이롭게 변해갈 때, 일은 값싼 노동에 대한 대가로 전락하지 않고 삶을 풍요롭게 하는 가치 있는 업(業)으로 나아갈 수 있을 것입니다.

낙천주의와 낙관주의

인생을 살아가면서 어떤 일이든 긍정적인 관점으로 바라보아야 행복한 삶을 살아갈 수 있습니다. 그렇지만 채워진 것에 대한 감사보다는 채워지지 않은 것을 바라보며 욕심을 부리는 것이 평범한 우리들의 살아가는 모습입니다. 따라서 욕심은 열려있는 행복의 문을 바라보기보다는 닫힌 불행의 문만 바라보는 비관주의에 익숙해지게 합니다.

창조는 현상을 긍정적으로 바라보며 개선하고자 하는 자발적인 의지에서 나오게 됩니다. 긍정적이라고 하면 낙천주의와 낙관주의를 구분할 필요가 있습니다. 무슨 일이 일어났을 때 어떻게든 잘 되겠지 하고 수동적인 입장에서 바라보는 긍정은 오래갈 수 없습니다. 결국 나무에서 감이 떨어지기를 기다리며 나무 아래에서 입을 벌리고 있는 것과 같습니다. 자신의 힘이 아닌 타인의 힘을 빌리게 되면 요행을 바라는 것입니다.

따라서 긍정성은 수동적인 낙천주의와는 다른 관점에서 생각해 볼 필요가 있습니다. 현실 속에서 일어나는 일들은 항상 좋은 일만 있는 것은 아닙니다. 오히려 불편하고 고통스럽게 하는 일들이 더 많이 일어나는 것처럼 느껴집니다. 이런 상황 속에서도 불편함 속에서 자신이 가지고 있는 소중한 것을 상기하고 감사하는 것이 낙관주의입니다. 또한 낙관주의는 똑같은 환경 속에서도 지금까지 살아오면서 느끼지 못했던 새로움을 느끼게 해주는 창조성을 일깨우는 역할을 합니다. 또한 자발적으로 숨겨진 행복을 찾고자 하기에 낙관주의는 능동적이고 자발적으로 행동하게 합니다.

프로이트Sigmund Freud, 융Carl Jung과 함께 세계 3대 심리학자로 손꼽히는 아들러Alfred Adler는 낙천주의와 낙관주의에 대한 혼동을 경계합니다. 그는 낙천주의는 무슨 일이 일어나도 괜찮다며 아무것도 하지 않는 것이라고 합니다. 반면 낙관주의는 항상 현실을 직시하고 현실을 있는 그대로 보면서 바로 그 현실에서 출발하는 태도라고 합니다. 낙관주의에 대해서 그는 다음과 같이 단지에 빠진 개구리에 대한 우화로서 설명합니다.

개구리 두 마리가 있었습니다. 두 개구리는 우유가 든 단지 가장자리에서 폴짝 뛰다가 단지 속으로 풍덩 떨어지고 말았습니다. 한 마리는 "아, 이제 끝장이야!"라고 소리치고는 이내 포기해버렸습니다. 그리고 그저 개굴개굴 울기만 하며 아무것도 하지 않았습니다. 결국 그 개구리는 우유에 빠져 죽고 말았습니다. 하지만 다른 한 마리는 달랐습니다. 똑같이 우유에 빠졌지만, 그 개구리는 어떻게든 살기 위해 발버둥 쳤고 이리저리 헤엄치며 발을 저었습니다.

한참을 그렇게 움직이자 발아래가 단단해지는 것을 느낄 수 있었고, 개구리는 폴짝 뛰어 바깥으로 뛰쳐나올 수 있었습니다. 바로 열심히 헤엄치며 발로 저은 결과로 우유가 치즈가 되었기 때문입니다.

낙관적인 사람들은 품격이 있습니다. 하지만 그러한 품격은 권위적인 것에서 오는 것이 아니라 삶의 균형을 유지하기 위해 노력하는 모습에서 오는 은은한 향기를 담고 있습니다. 수면 위에서 우아한 자태로 여유롭게 움직이는 백조처럼 낙관적인 사람들의 모습은 즐겁고 평온해 보입니다. 그러나 실상은 수면 아래에서는 열심히 물갈퀴 질을 하는 백조처럼 낙관적인 사람들도 부지런함이 몸에 배어있습니다. 부지런해야 실망과 좌절에서 벗어나 희망을 찾고 행복을 얻을 수 있기 때문입니다. 낙관적으로 바라보아야 무슨 일이든 즐겁게 받아들일 수 있습니다.

낙관주의는 부정적인 생각과 감정을 회피하지 않고 받아들입니다. 있는 그대로 감정을 받아들이면서도 부정적인 면보다는 긍정적인 면을 보고자 하는 용기에서 나옵니다. 새로움에 대한 발견은 다양성을 인정하는 것과 같습니다. 자신과 다른 사람들을 인정하지 못하면 결국 자신에게 유리하게 포장하게 되고 다름을 인정하지 못하며 부정적인 사고의 덫에 빠질 수밖에 없기 때문입니다. 그렇기에 낙관주의의 삶은 자신을 새롭게 창조하는 삶이라고 볼 수 있습니다. 자신을 창조한다는 것은 자신만이 알 수 있기에 개인마다 창조의 기준이 다를 수 있습니다.

낙관주의는 모든 사람과 사물들이 사랑받기를 원한다는 것을 잘 알고 있습니다. 그렇기에 때론 상대방의 호의에 감사하고, 때론 자신에게 치우친 생각을 반성합니다. 치우치지 않는 중용의 마음으로 항상 자신을 돌아보고 타인의 관점에서 바라보기 때문에 낙관주의는 나날이 삶을 새롭고 또 새롭게 합니다.

문화향유와 창조

    과거에는 엄격한 신분제도로 인하여 문화를 소비하고 즐길 수 있는 계층은 귀족 또는 양반 계층에 국한되어 있었습니다. 노동으로부터 비교적 자유로운 특권층인 양반은 학문과 예술 통한 심적 수양에 시간을 투자했습니다. 그렇기에 옛날 선비들은 시와 글씨 그리고 그림에 능했습니다. 시서화(詩書畵)에 능한 선비들은 문학과 예술의 창조자 역할을 해왔습니다.

    조선의 선비들은 학문과 예술을 통해 지성과 감성이 조화를 이루어야 한다고 생각했습니다. 추사 김정희는 "가슴 속에 만 권의 책이 들어있어야 그것이 흘러넘쳐서 그림과 글씨가 된다"라고 말했습니다. 풍부한 학식과 바른 심성을 유지해야 그림과 글씨에서도 그윽한 향기가 피어오른다고 선비들은 생각했던 것입니다. 그들은 학문은 문사철(文史哲) 즉, 문장력, 역사, 사서삼경 등 경전을 통해 지성을 쌓았습니다. 그리고 시서화(詩書畵)를 통해 감성을 길러냈습니다. 그 외에도 무예를 익혀 몸을 건강하게 하고 음악을 통해 심성을 맑게 하였습니다.

선비들은 지성과 감성의 조화를 추구하면서 시서화 등 창작을 통해 문화 향유를 즐겼습니다. 요즘 사회를 들여다보면 새로운 것을 창조하는 것에 사람들은 인색합니다. 물질적인 환경은 예전보다 풍요롭고 여유로워졌지만 많은 사람은 여전히 부족하다고 생각합니다. 물질을 소비하는 데서 풍요와 여유를 찾기 때문입니다.

하지만 심적 안정을 물질을 소비하는 데서 얻으려고 하면 끝이 없다는 것을 알게 됩니다. 심적 안정은 소비가 아닌 창작을 통해야 얻어지게 됩니다. 물론 창작을 하겠다고 마음먹는다고 바로 창조물이 나오는 것은 아닙니다. 창조물은 관심과 노력을 통한 몰입의 산물입니다. 자신만의 창조물을 통해 스스로 즐길 수 있고, 다른 사람들과 문화 향유를 나눌 수 있습니다. 또한 문화에 대한 지식과 조예가 깊을수록 아는 만큼 보이듯이 문화 향유의 즐거움도 더욱 커질 수 있을 것입니다.

현재 우리는 조선 시대와는 달리 음악, 미술, 공예, 여행, 사진, 스포츠, 독서 등 다양한 문화를 즐길 수 있는 환경에서 살고 있습니다. 그리고 조선 시대처럼 특권층에게만 향유될 수 있는 시대가 아니라 모든 이에게 열려있습니다. 옛날 신분이 낮아 누릴 수 없었던 사람들에게는 꿈꾸어 왔던 세상일지도 모릅니다. 그런데도 돈이 없고, 시간이 없어 누릴 수 없다고 푸념하는 사람들이 있습니다.

하지만 인터넷을 조회하기만 하면 거의 무료로 넘쳐나는 문화 콘텐츠들을 접할 수 있습니다. 그렇기에 돈과 시간은 핑계일 뿐입니다. 바쁜 사람들에게는 스마트폰을 통한 언제 어디서든지 문화 창작물을 관람하고 배울 좋은 기회의 시대입니다. 가상의 세계에서 저렴하게 또는 무료로 문화 콘텐츠를 접할 수 있기에 마음만 먹으면 언제든지 시작할 수가 있습니다.

과거에는 선비, 장인 등 소수의 문화를 창조할 수 있는 사람들이 문화 콘텐츠 생산자 역할을 했습니다. 그런데 현재 우리는 정보화의 시대를 살아가고 있습니다. 정보화시대는 원하는 정보를 언제 어디서든지 얻을 수 있습니다. 누구나 원한다면 배우고 스스로 만들어 낼 수 있는 시대를 살아가고 있는 것입니다.

그런데 산업화의 물결은 정보화시대에 익숙해져 가는데 조금씩 융합의 시대로 넘어가고 있습니다. 융합의 시대에는 소비자가 생산자가 될 수 있습니다. 정보의 도움을 받고, 첨단기계의 도움을 받으며 아이디어만 있으면 창작물을 만들 수 있는 시대로 넘어가고 있는 것입니다. 3D 프린터는 창조적인 생산자를 가능하게 할 수 있는 제품입니다. 3D 프린터만 있으면 복잡한 제조 공정을 거치지 않고 집에서 누구든지 원하는 물건을 스스로 디자인해 제작할 수 있습니다. 아직은 비싸고 재료 및 기능이 좀 더 보강이 필요한 게 사실입니다. 하지만 가격이 내려가고 더 다양한 재료와 기능이 향상된다면 가전제품처럼 가정마다 구비되는 필수품이 될 날이 얼마 안 남았습니다.

앞으로의 시대는 즐길 수 있는 것을 스스로 손쉽게 창작해낼 수 있는 창조의 시대입니다. 물론 창조의 시대를 마음껏 즐기기 위해서는 관심 있는 문화영역을 배우고 향상해 나가야 한다는 전제 조건이 있어야 합니다. 배우고 향상해 나가야 새로운 조합을 통해 다양한 융합 창작물들이 나올 수 있기 때문입니다. 창조를 위한 문화적 상상력은 관심과 노력에서 나온다는 것을 잊지 말아야 할 것입니다.

행복 콘텐츠를 만들자

과다 경쟁사회에 지친 현대인들은 건강한 육체와 정신을 추구하는 웰빙에서 마음의 위안과 치유를 위한 힐링으로 관심이 높아지고 있습니다. 웰빙과 힐링은 모두 행복과 연관이 있습니다. 행복을 얻기 위해서 사람들은 웰빙과 힐링을 주는 행복 콘텐츠에 열광하고 있는 것입니다.

행복 콘텐츠는 심신을 즐겁고 편안하게 하는 내용으로 힐링 여행, 먹거리 탐방, 명상 등 다양한 콘텐츠가 이미 활발하게 진행되고 있습니다. 이처럼 심신의 피로에 지친 사람들은 다양한 행복 콘텐츠를 이용하면서 심신을 치유하려고 합니다. 지친 심신을 달래기 위하여 이미 만들어진 행복 콘텐츠를 활용하는 것도 도움이 될 수 있습니다. 하지만 기존에 만들어진 보편적인 행복 콘텐츠가 모든 사람의 다양한 행복 욕구를 만족하게 해주기에는 역부족일 것입니다. 따라서 행복 콘텐츠는 스스로 만들 필요가 있습니다.

행복의 기준은 저마다 다르고 주관적일 수 있습니다. 산을 좋아하는 사람이 있으면 바다를 좋아하는 사람이 있을 수 있습니다. 반려동물에 대해서도 개를 좋아하는 사람, 고양이를 좋아하는 사람이 각각 다를 수 있습니다. 자연을 통한 힐링, 반려동물을 통한 힐링을 얻는 사람들에게는 자연과 반려동물이 각각 행복 콘텐츠가 될 수 있습니다. 음식을 만드는 사람들에게는 조리방법이, 음식을 먹는 것을 좋아하는 사람들에게는 먹거리가 행복 콘텐츠입니다.

여행을 예로 들자면 많은 여행 경험이 있는 사람들에게는 여행 코스를 기획하는 일은 자신만의 행복 콘텐츠를 만들 수 있습니다. 또한 이러한 행복 콘텐츠는 여행을 준비하는 사람들에게도 도움을 줄 수 있습니다. 그래서 여행을 기획하는 즐거움뿐만 아니라 여행을 다녀온 사람들이 만족해하는 모습을 볼 때 보람을 얻게 될 것입니다. 자신을 즐겁게 하려고 한 일이 다른 사람을 즐겁게 할 수 있다면 가치 있는 삶을 살아가고 있는 것입니다. 이처럼 행복 콘텐츠를 자신뿐만 아니라 다른 사람들과도 나눌 수 있다면 즐거움은 더욱 커지게 됩니다.

행복 콘텐츠를 어떻게 하면 보다 쉽게 찾을 수 있을까요? 행복 콘텐츠를 창조하는 데 있어서 무엇이 몸과 마음을 즐겁게 할 수 있는지를 찾는다면 더 쉽게 찾을 수 있습니다. 몸은 오감에 의해, 마음은 지식과 지혜를 얻을 때 즐거움을 느끼게 됩니다. 오감을 즐겁게 하기 위한 기존 행복 콘텐츠를 찾아보면 다양하다는 것을 알 수 있습니다.

음식, 음악, 영화, 향수, 춤, 여행 등 오감을 즐겁게 하고자 수천 년

간 많은 행복 콘텐츠가 전해 내려오고 있습니다. 일상의 단조로움에서 벗어나기 위해 더 다양한 콘텐츠가 만들어져 왔고, 지금도 행복을 주는 많은 콘텐츠가 전 세계적으로 생겨나고 있습니다. 음식도 전문적인 셰프 또는 주부만의 전유물에서 벗어나 스스로 요리하는 즐거움이 또 다른 행복 콘텐츠로 자리 잡았습니다. 음식이라는 분야만 해도 인간의 기본 욕구인 먹고 마시는 즐거움을 주는 없어서는 안 될 중요한 행복 콘텐츠입니다. 음식이라는 분야를 세분화하게 되면 워낙 종류가 많기에 셰프, 파티시에, 소믈리에, 바리스타 등의 먹고 마시는 것을 전문으로 하는 음식 콘텐츠 전문가가 생겨났습니다. 최근에는 케이크에 버터크림으로 꽃을 디자인하는 플라워 케이크 전문가도 있습니다. 예쁜 꽃 모양으로 디자인된 케이크를 보고 구매자들은 보는 즐거움과 먹는 즐거움을 동시에 느끼게 됩니다.

행복 콘텐츠는 스스로 창조하는 놀이에서 만들어집니다. 어떻게 하면 즐겁고 보람된 놀이를 만들 수 있을까? 라는 의문에서 행복 콘텐츠에 대한 아이디어를 구상하게 됩니다. 혼자서 하는 놀이가 될 수도 있고 같이 어울리며 할 수 있는 놀이가 될 수도 있습니다. 창조는 행복을 추구하는 놀이에서 비롯되는 것입니다. 최근에 많은 사람이 사용하고 있는 스마트폰은 디지털 놀이도구라고 볼 수 있습니다.

스마트폰을 통해 원하는 정보, 음악, 전화, 채팅, 유용한 기능을 사용할 수 있습니다. 앞으로 가상현실 및 증강현실을 통해서 현실과 가상세계를 넘나들며 즐길 수 있는 행복 콘텐츠가 추가로 만들어질 것입니다. 그리고 인공지능, 사물인터넷 기술이 발전함에 따라 우리 주변의 정보기기들이 개인비서로서의 역할을 수행해 나갈 것입니다.

다만 스마트폰 사용시간이 늘어나면서 젊은 층에서도 눈의 피로로 인한 노안 문제가 발생하고 있고, 스마트폰 없이 생활하는 것을 답답해하는 중독성을 보이는 사람들도 있습니다. 행복 콘텐츠를 즐기는 것은 행복하기 위해서인데, 무엇이든 지나치면 행복 추구하는 본연의 가치가 퇴색될 수 있습니다. 하지만 적절하게 활용하는 행복 콘텐츠는 삶을 더 즐겁고 풍요롭게 만들어 주는 도구임에는 틀림이 없습니다.

Chapter 4

성취적 향유

Enjoy

the little

Things

It's

———

the little things

———

that make

———

life big

성공의 도미노

어릴 적에 여러 막대를 세워서 쓰러뜨리는 도미노 게임을 경험해 보았을 것입니다. 인생은 도미노처럼 어떤 원인에 의해 현재의 결과를 만들게 됩니다. 성취는 한 번에 이루어지기보다는 작은 원인 제공의 과정들이 연결되면서 만들어집니다.

좋은 원인을 제공했다면 좋은 결과로 갈 수 있고 나쁜 원인을 제공했다면 나쁜 결과로 갈 수 있습니다. 꾸준히 운동하면 근육이 생기고, 보기 좋은 몸매와 활력을 통해 건강도 챙길 수 있습니다. 반면 인스턴트 음식을 자주 먹는 습관을 하면 살이 찌고, 살이 찌면 늘어난 식욕을 충족시키기 위해 더 많이 먹게 되고 각종 성인병에 노출되는 악순환에 빠지게 됩니다. 무심코 한 행동이 습관이 되고 습관이 되면 고치기 쉽지 않습니다. 그렇기에 행동을 할 경우에는 본인이나 다른 사람들에게 얼마나 가치가 있는지를 판단해 볼 필요가 있습니다.

「원씽」이라는 책에서는 커다란 성취도 중요한 작은 하나의 일로부터 시작된다고 말합니다.

"행동은 행동을 바탕으로 만들어진다. 습관은 습관 위에 쌓인다. 성공도 성공을 바탕으로 이루어진다. 제대로 세운 도미노는 그다음 것, 그리고 그다음 것을 연달아 넘어뜨리게 되어있다. 그러니 남다른 성과를 원할 때마다 도미노 넘어뜨리기를 시작하게 할 바로 한가지 행동을 찾아라. 커다란 삶은 연쇄 반응의 물결을 타고 만들어진다. 성공을 목표로 할 때 중간 과정을 모두 건너뛰고 바로 결론에 이를 수 없다는 말이다."

이처럼 소소한 가치 있는 행동이 모여 습관이 되고, 좋은 습관들이 연결되면 커다란 성취에 이를 수도 있습니다. 이것이 소소한 일들을 소중히 여기고 등한시 여겨서는 안 되는 이유입니다. '천 리 길도 한 걸음부터'라는 속담이 있습니다. 노자의 도덕경 '천 리의 여행도 한 걸음에서 시작된다(千里之行천리지행 始於足下시어족하)'에서 나오는 말로 첫 걸음을 내딛는 시작의 중요성을 강조하는 말입니다. 하지만 한 걸음도 나아가지 않고 천 리를 가려고 하는 사람들이 많습니다. 큰 성취도 쪼개면 작은 성취로 나누어져 있습니다. 요행을 바라기보다는 실행에 옮기는 실천은 시작이 반이라는 말처럼 일단 시작하면 성취는 더 가까이 다가올 수가 있습니다. 성취의 규모가 다를 수는 있겠지만, 현재와는 다른 모습으로 변모된 자신을 발견할 수 있을 것입니다.

중용에서도 큰일을 이루려면 작은 일부터 시작해야 한다는 것을 나타내는 등고자비(登高自卑)란 말이 나옵니다. 중용 제15장을 보면

'군자의 도는 비유컨대 먼 곳을 감에는 반드시 가까운 곳에서 출발함과 같고, 높은 곳에 오름에는 반드시 낮은 곳에서 출발함과 같다.' 원대한 꿈이라 할지라도 작고 사소한, 즉, 소소한 일을 소중히 여김으로부터 시작된다는 말입니다.

작고 낮은 곳에서 출발하기 위해서는 크고 높은 것만을 추구하는 욕심과 허영심을 내려놓아야 합니다. 큰 성취만을 바라보고 작은 성취를 등한시한다면 참다운 수양을 쌓기 어렵습니다. 아래에서부터 수양을 쌓지 않는다면 성취를 통한 행복의 향유가 깊지 않습니다. 더 높은 것만을 바라보면 행복을 느낄 수 있는 기준도 높게 형성될 수밖에 없습니다.

성취의 향유는 이성과 감성의 조합을 통해 이루어집니다. 이성을 통해 가치 있는 행동과 그렇지 않은 행동을 구분합니다. 이는 옳고 그름을 구분하는 의(義)와 관련이 있습니다. 의로운 정신에서 의로운 행동이 나오고 자신과 타인 모두에게 이익을 주게 됩니다.

다음으로 감성은 소통하고 공감하는 성향입니다. 어질 인(仁)은 사람(人)이 하늘(一)과 땅(一)을 모두 감싸 안는 모습을 형상화하였습니다. 감성이 마음에 자리 잡으면 평소에 눈에 들어오지 않던 사소한 것들이 소중하게 여겨질 수 있습니다. 낮고 작다고 여기며 무시했던 것들에 대해서도 비로소 가치를 부여할 수가 있게 되는 것입니다.

이성과 감성의 조합, 인(仁)과 의(義)의 조합을 추구하는 사람이 바로 소소한 행복을 요리하는 꿈 요리사입니다. 꿈 요리사는 이미 만들어진 재료가 아닌 기본이 되는 재료를 소중히 여깁니다. 기본이 되는 작은 것을 이해해야 비로소 여러 조합을 통한 훌륭한 인생의 맛을 낼 수 있다는 것을 알기 때문입니다. 여기서 성취의 향유를 위한 고급 식재료도 결국은 그 식재료를 구성하는 작고 기본이 되는 재료의 조합이라는 것을 이해할 필요가 있습니다.

성취를 통한 즐거움은 소박한 마음과 소소한 행동으로부터 더 큰 행동으로 이어질 수 있다는 열린 가능성에 대한 믿음과 자신감에서 비롯됩니다.

성공과 실패

　사람들은 지금과는 다른 모습으로 변화하기 위해 도전합니다. 하지만 도전을 통해 항상 성공을 얻는 것은 아닙니다. 오히려 성공보다는 실패에 대한 경험이 더 많을 수 있습니다. 아무리 노력을 해도 상황에 따라 운이 안 따라 주기도 하게 마련입니다.

　그래도 실패를 통해 원인을 분석하고 뛰어오를 수 있는 발판을 만든다면 다시 성공으로 나아갈 기회로 연결되기도 합니다. 이처럼 삶은 좋고 나쁜 것이 없습니다. 단지 마음이 어떻게 그 상황을 받아들이는지에 따라서 스스로 좋고 나쁜 것을 구분해 놓을 뿐입니다. 현재까지의 삶을 뒤 돌아보면 나사처럼 나선형으로 성장과 퇴보를 반복하면서 꾸준히 앞으로 나가 온 삶이었습니다. 힘든 상황도 지나고 보면 그동안 몰랐던 깨달음을 얻기 위한 과정임을 알게 된 것입니다.

　성장은 나선형으로 상승과 하강을 반복하며 조금씩 올라갑니다. 삶은 올라가는 것처럼 느껴질 때 내려가고 오름과 내림을 반복하면서 달이 차면 기울 듯이 자연의 이치를 따라가고 있을 뿐입니다. 올라간다고 해서 기뻐할 것도 없고 내려간다고 해서 슬퍼할 것도 없습니다. 상반된 경험이 많아지고 지혜가 쌓일수록 포용할 수 있는 그릇이 넓고 깊어질 뿐이기 때문입니다. 성공하면 더 큰 목표로 이어지기 때문에 작은 봉우리에서 더 큰 봉우리로 목표를 정하게 됩니다. 오르막과 내리막으로 이어지는 길을 통해 산 정상에 오르게 되면 온 세상을 얻은 것처럼 기쁠 수 있습니다. 하지만 그것도 잠시 주변을 둘러보면 산의 정상이 무수히 많다는 것을 알고 다시 다른 산봉우리로 떠나게 되는 것입니다. 다만 산을 오르기 전과 달라진 것은 있습니다. 높은 곳에서 바라보니 땅 위에 모든 것이 작게 보이듯이 보잘것없는 작은 일들로 그동안 마음을 뺏겨 왔다는 것입니다. 그리고 삶은 봉우리에서 다시 봉우리로 떠나는 여정이라는 것을 깨닫게 됩니다.

산을 오르는 것은 변화하고자 하는 마음이 있기 때문입니다. 작은 일에도 흔들리고 힘들어하는 마음에서 크게 흔들리지 않는 평정심을 가지려고 산을 오르는 것입니다. 산에 오르며 넓게 트인 시야로 아래 세상을 바라볼 때 그 세상에서 크고 복잡하게 보였던 일들도 작고 사소하게 느껴질 수 있습니다. 마음을 스쳐 가는 것이 여유롭게 느껴지기 때문에 평정심이 생기는 것입니다. 평정심이 생기면 경쟁으로 얼룩진 세상에 대해 고통을 받지 않고 자기 자신을 소중하게 다시 바라보게 됩니다. 또한 성공과 실패가 중요한 것이 아니고 여유롭게 세상을 바라보는 지혜가 필요하다는 것을 깨닫게 됩니다.

리우 올림픽 5,000m 예선에서 뉴질랜드 선수인 니키 햄블린Nikki Hamblin은 2,000m를 남기고 뒤에서 달리던 미국 선수와 뒤엉켜서 넘어지게 됩니다. 미국 선수인 애비 디아고스티노Abbey D'Agostino는 바로 일어나 넘어진 햄블린에게 다가가 "힘내, 일어나서 결승선까지 뛰자"라고 말하며 손을 잡고 일으켜 세웠습니다. 니키 햄블린은 일어나서 뛰었지만, 이번에는 좀 전에 부딪히며 무릎을 다친 디아고스티노가 넘어지게 됩니다. 햄블린은 "조금만 더"를 외치고 격려하면서 결국 이 둘은 결승선까지 완주하게 됩니다. 그리고 마침내 결승선을 통과하고 웃으며 힘껏 포옹하는 장면을 보면서 되살아난 스포츠 정신에 반가운 마음이 들었습니다.

편파판정과 과도한 경쟁으로 원래의 스포츠 정신이 흐려진 올림픽에 아쉬움이 있던 중에 나온 감동적인 장면이었습니다. 올림픽의 창시자 쿠베르탱Pierre de Coubertin은 "올림픽 대회의 의의는 승리하는 데 있는 것이 아니라 참가하는 데 있으며, 인간에게 중요한 것은 성공보다 노력하는 것이다"라고 하였습니다. 무엇이 올림픽 정신을 흐리게 하였을까요? 바로 올림픽이 국가 위상을 높이기 위한 도구로 활용되고, 성공은 승리의 결과물이라는 잘못된 가치 설정으로 개인의 승리 욕심을 채우기 위한 경기로 변질했기 때문입니다.

성공하기 위해 집착하기보다는 성장하기 위해 노력해야 합니다. 성장을 하기 위해서는 변화가 필요합니다. 지금까지 살아오면서 성립된 가치관을 수정해야 할지도 모릅니다. 그렇기에 변화가 필요하다고 생각해도 막상 첫발을 내딛기가 쉽지는 않습니다. 인간은 원래 오랫동안에 걸쳐 형성된 습관에 안주하는 것을 편하게 생각하기 때문입니다. 그래도 변화하지 않으면 성장할 수가 없습니다. 무엇이 옳은지 그른지 분별심이 없으면 그릇된 욕망으로 행복과는 거리가 먼 삶을 살다가 마감하게 됩니다. 삶을 진지하게 받아들이면서 분별심을 갖고 부족함을 채우면서 변화하기 위해 걸어가고 있는지를 생각해 보아야 합니다.

유명한 산악인 조지 말로리George Mallory는 왜 에베레스트를 오르는가에 대한 기자의 질문에 "산이 그곳에 있기 때문에 오른다."고 말했습니다. 인생이라는 산은 이미 모든 사람에게 주어졌기에 오를 수밖에 없을지도 모릅니다. 다만 산 정상에 오르게 되면 오르기 전과는 다른 마음의 변화가 찾아왔다고 느낄 수 있을 뿐입니다.

H자형 인재

삶을 살아가면서 요구하는 인재상은 수없이 많이 있습니다. 많은 인재상이 난무하고 있는 상황에서 바람직한 인재상은 과연 무엇일까요? 학교, 회사, 사회, 국가 등 소속된 공동체의 특성에 따라 바람직한 인재상을 제시하고 육성해 나갑니다. 그렇다면 공부를 잘하고, 창의적인 사고로 회사발전에 이바지하며, 사회질서를 잘 따르고, 국가에 충성하는 사람들이 훌륭한 인재상일까요?

최근 학교 또는 회사의 인재상을 보면 세계를 선도하는 창의적 인재, 열정을 갖고 미래에 도전하는 인재를 선호하는 것을 알 수 있습니다. 물론 창의, 열정, 도전 등의 키워드는 현재 사회를 살아가는 데 필요한 중요한 요소일지도 모릅니다. 하지만 도덕적인 인성이 결여된 인재들은 아무리 창의적이고 열정적이며 도전적이라고 해도 결국 잘못된 결과를 초래할 수밖에 없습니다. 미래지향적인 인재상을 아무리 제시한다고 해도 상대방에 대한 배려, 책임감, 원만한 관계를 유지하지 못한다면 잘못된 방향으로 나아가 세상에 피해를 주기 때문입니다.

앞으로 인재상은 이성과 감성이 융합되어야 합니다. 곡선처럼 부드러우면서 포용하는 감성은 인(仁)이라고 할 수 있습니다. 직선과 같이 곧은 냉철한 판단을 나타내는 이성은 의(義)라고 할 수 있습니다. 이처럼 인(仁)과 의(義)를 갖춘 인재상은 각각 양쪽의 감성과 이성의 우물을 파야 합니다. 감성과 이성의 우물을 균형 있게 파 내려가다 보면 서로 수평으로 교류하는 지혜의 수맥을 만날 수가 있습니다. 수직으로 내려오는 양쪽 감성및 이성의 우물과 수평으로 이어지는 균형 및 교류를 나타내는 지혜의 수맥을 연결하면 알파벳 U자와 같은 모양을 갖추게 됩니다.

U는 '언제 어디서든지 존재한다'라는 뜻을 내포하는 유비쿼터스(Ubiquitous)의 약자입니다. 동양철학에 의하면 인간은 소우주로서 우주와 같은 존재입니다. 우주와 같아서 만물의 근본원리인 도(道)와 실천 윤리인 인(仁)과 의(義)는 모든 사람이 갖고 있고 언제 어디서든 존재하는 가치입니다. 다만 마음을 닦지 않으면 무지의 구름에 가려서 평소에 보이지 않을 뿐입니다. 따라서 올바른 인재상은 우주의 이치를 실천하는 사람이어야 합니다. 언제 어디서나 존재하는 기본 가치를 추구하는 사람이 바로 U자형 인재입니다.

U자형 인재는 삶의 소중한 가치를 발견해내고 실천해 나가는 사람입니다. 크고 작고, 아름답고 추하다는 이분법적인 논리에서 벗어나,

작고 사소한 것에서도 소중한 가치를 찾아내는 사람이 바로 U자형 인재입니다. 이성과 감성의 균형 있는 합(合)을 이루면 자연스러운 이치를 발견하면서 통찰력을 얻게 됩니다. 통찰력은 문제 해결 능력과 창조 능력을 향상하게 합니다. 그리고 올바른 삶의 방향이 무엇인지에 대한 지혜가 만들어집니다. 무언가에 치우치지 않고 균형을 이루려고 노력하는 U자형 인재는 나와 남을 가르지 않고 소통하고 연결하려는 사랑과 자비의 마음을 갖고 있습니다.

명심보감에서는 "아무리 좋은 옥돌도 다듬지 않으면 쓸모있는 훌륭한 그릇이 되지 않듯이, 사람은 배우지 않으면 인간의 올바른 도리를 알지 못한다."라고 하였습니다. 올바른 배움을 행하지 않으면 도리를 알지 못해 어두운 밤길을 가는 것과 같습니다. 지식을 많이 아는 것만이 올바른 배움이 아닙니다. 올바른 지식에 관한 탐구와 실천이 중요하다고 볼 수 있습니다. 자신과 공동체의 욕심만을 채우기 위해 사용되는 배움은 올바른 배움이 아닙니다. 잠시 성취한 후의 만족이 찾아올 수 있지만, 금방 공허함과 외로움에 빠지게 됩니다. 올바른 배움을 통한 도리를 추구하는 사람들은 깨달음의 깊이가 깊을수록 여유와 충만감이 오래 남을 수 있습니다.

U자형 인재가 되기 위해서는 세 가지 필수 요소가 있습니다. 바로 융합(Convergence), 소통(Communication) 그리고 창조(Creation)로 구성된 3C입니다.

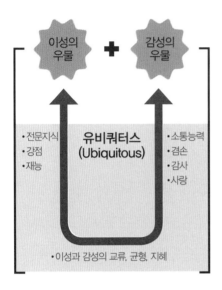

융합(Convergence)은 음과 양의 충돌을 통한 결합과 정(正), 반(反), 합(合)의 변증법적인 삼 단계 과정을 통해 전혀 상관없는 영역에서 합을 이루어가는 과정입니다. 자기 주관과 고정관념을 버리고 다른 것을 포용할 때 비로소 융합이 이루어지게 됩니다.

소통(Communication)은 자신을 벗어난 다른 대상과의 적극적인 교류입니다. 이러한 교류는 공감과 경청을 전제로 한 대화를 통해 이루어지게 됩니다. 겸손과 공감 그리고 경청의 미덕으로 상대방에게 다가가는 사람에게는 주위에 그를 지지하는 추종자들이 모이게 됩니다.

서로의 가치를 증진하는 이러한 사람들과의 인적 네트워크는 즐겁고 긍정적인 힘을 불어넣어 주는 공동체를 형성할 수 있습니다.

　창조(Creation)는 서로 다른 영역을 융합하고 적극적인 소통을 통하여 새로운 가치가 창출되는 것을 말합니다. 여기서 창조는 통찰력을 통해 시장에서 보지 못하는 영역을 융합과 소통의 과정을 통해 새로운 일을 생성하게 되고 더 나아가 가치를 추종하는 세력이 커져 나갈 때 세상을 변화시키게 됩니다.

　위의 융합, 소통, 창조의 3C를 통해 U자형 인재로 거듭날 수 있지만, 무엇보다도 중요한 것은 추구하는 방향 즉 벡터Vector입니다. 인생에서 추구하는 방향, 가치가 도덕적으로 합당한 지 또한 바르고 올바른지를 항상 점검하는 것을 잊어서는 안 됩니다. 바르지 않은 가치를 통해 세력을 규합하고 세상을 어지럽게 하는 것은 우리가 이 세상을 살아가는 소명과는 거리가 멀기 때문입니다.

창조(Creation)

　세상은 정보화, 기계화가 고도로 발달하면 될수록 로봇과 컴퓨터가 일자리를 대체하면서 육체노동과 지식노동 업종의 인력 수요는 점점 줄어들게 될 것입니다. 따라서 새로운 영역에 대한 창조가 없다면 한정된 직업을 놓고 치열한 경쟁을 벌이는 구조는 갈수록 더 심해지리라는 것을 예상할 수 있습니다.

　한정된 영역을 벗어나 새로운 영역을 개척하는 것을 창조라 볼 수 있습니다. 창조는 새로운 영역을 개척함으로써 한정된 자원을 가지고 경쟁하는 것에서 벗어나게 합니다. 창조라는 단어를 접할 때 물질적 창조를 떠올리게 되지만, 정신적인 성장을 의미하는 정신적 창조도 있습니다. 편리한 세상을 위해서 물질적인 창조는 물론 중요합니다. 하지만 정신적 창조를 바탕으로 자신은 물론이고 공익적인 차원에서 삶의 새로운 영역을 만들어가는 사람들이 많아질수록 세상은 더 풍요로워질 수 있습니다.

월드 컬쳐 오픈(WCO)에서는 상상력을 발휘하여 공익적인 일을 하는 사람들을 매년 선정합니다. 이러한 사람들을 '컬쳐 디자이너'라 칭하는데 자신의 재능과 열정, 경험과 전문성을 바탕으로 더불어 행복한 세상을 디자인하는 창의적 시민을 뜻합니다. 세상을 문화적 상상력과 공익적 실천력을 겸비해 조용히 우리 사회를 바꾸는 그들은 거창한 꿈보다 소소한 꿈을 꾸고 실천하는 이들입니다. 이처럼 상상력을 발휘하여 창의적이면서도 공익적인 일을 하는 그들은 진정한 U자형 인재입니다.

세상을 보다 살기 좋은 세상으로 만들기 위해서는 새로운 생각, 즉 혁신적인 창의적 사고가 필요합니다. 참신한 아이디어는 세상에 이미 나와 있는 것을 관찰하면서 조합하고 새로운 해답을 찾아가다 보면 나오게 됩니다. 이러한 창의적이고 유쾌한 상상을 통해 창조가 만들어지는 것입니다.

주역에서는 천지자연이 가진 가장 큰 능력은 만물을 생성하는 것이라고 했습니다. 이처럼 창조적인 능력은 모든 사람이 보유하고 있는 본성과 같은 것입니다. 즉, 절박한 상황에서 창의적인 생각이 나오고, 이러한 창의적인 생각은 순수한 의도가 있다면 자신과 타인의 삶을 좋은 방향으로 이끌게 됩니다.

창조는 세상이 돌아가는 원리를 이해하고 참신한 아이디어로 새로운 가치를 창출합니다. 새로운 가치를 창출하기 위해서는 통찰력이 필요한데 사물을 꿰뚫어 보는 능력은 오랫동안 쌓여온 관찰과 소통의 산물입니다. 관찰과 소통을 통해 얻은 경험으로 사물이 돌아가는 원리를 체득하고 이해하게 될 때 통찰력이 생기는 것입니다.

통찰력이 생기면 인생을 단면이 아닌 여러 면을 입체적으로 바라보게 됩니다. 타로 카드 중에 1번 마법사Magician 카드가 있습니다. 이 카드는 마르지 않는 무한한 창조력과 영적인 정신력을 나타냅니다. 마법사는 영혼 세계와 인간세계의 다리 역할을 하는 존재로서 신과 인간의 중재자 역할을 합니다. 인생의 원리를 아는 현자로서의 마법사는 무한한 가능성과 자신감 있는 준비된 상태를 의미합니다. 마법사가 여러 재료를 통해 멋진 마법을 보여주듯이, 꿈을 요리하는 꿈 요리사 Dream Chef 또한 다양한 꿈의 재료를 통해 행복한 삶의 마법을 보여주게 됩니다.

창조는 무언가 막혀있는 듯한 삶을 벗어나고자 하는 의지에서 시작됩니다. 그동안 경험했던 자신만의 경험의 재료를 가지고 요리를 하면서 가능성과 자신감을 얻게 되고, 꿈의 요리를 나누면서 삶의 행복을 얻게 되는 과정, 바로 이것이 U자형 인재가 걸어가야 할 길입니다.

관찰을 통해 소통하게 되고 소통하게 되면 이해하게 됩니다. 삶이 돌아가는 원리를 이해하게 되면 통찰력이 생기고 이러한 통찰력은 재료를 융합하면서 새로운 삶의 모델을 창조합니다. 이처럼 창조는 소통과 융합의 단계를 거쳐서 이루어지게 됩니다.

갈수록 힘들어져 가는 세상 속에서 체념하거나 안주해서는 안 됩니다. 문제 해결을 통한 세상에 필요한 가치를 창출하고 새로운 일을 만들며 세상을 변화시키기 위해 진취적으로 나아가야 합니다. U자형 인재는 기업의 인재상으로만 국한되는 것이 아닙니다. U자형 인재는 세상을 살 만한 곳으로 만들고자 남들이 알아주지 않더라도 조용히 세상을 변화시키고 인생의 소중한 가치가 무엇인지를 몸소 보여주는 꿈 개척자Dream Pioneer입니다.

추구하는 가치가 비록 소소한 꿈이라 할지라도 가치 있는 창조적 삶을 추구하는 U자형 인재는 인생을 자기 주도적으로 살아가는 진정한 자유인입니다.

융합(Convergence)

21세기 정보화시대에 들어서면서 융합(Convergence)은 급변하는 시대를 따라가기 위한 하나의 트렌드로 부상하고 있습니다. 융합은 과학, 기술 및 인문사회과학 등의 세분된 학문의 결합에서 보듯이 여러 가지의 개념을 합쳐서 한가지의 개념으로 만드는 것입니다.

융합은 소통(Communication)을 통하여 각기 다른 면을 포용하고자 하는 마음에서 비롯됩니다. 서로 다름을 인정하고 포용하면 이해하게 되고, 이해하게 되면 지혜가 생깁니다. 이렇게 서로 다른 것을 융합함으로써 생성된 지혜가 쌓이면 쌓일수록 삶의 균형을 유지하게 되고 비로소 살아가는 본질적 목적인 행복이 찾아옵니다.

21세기 정보화시대는 포용과 융합의 시대입니다. 온라인 도서판매로부터 시작한 아마존Amazon의 제프 베조스Jeff Bezos는 책을 배달하는 소형비행기(드론)를 개발하고, 최근에는 우주개발업체로 탈바꿈하기 위해 블루 오리진Blue Origin을 설립하여 야심 차게 쏘아 올린 로켓을 재착륙에 성공하였습니다. 그리고 영화 '아이언맨'의 실제 모델이기도 한 테슬라Tesla의 CEO 앨런 머스크Elon Musk는 배기가스가 없는 전기자동차에서 더 나아가 무인자동차 시대를 열고 있습니다. 또한 그는 스페이스X를 창업하여 "언젠가 수명이 다할 지구를 떠나 화성으로 이주하겠다는 어린 시절 꿈을 이루겠습니다."라고 말하며 일반인들이 상상하기 힘든 꿈들을 추진하기 위해 한 걸음씩 나아가고 있습니다. 제프 베조스에 이어 추진로켓 회수에 성공한 앨런 머스크는 우주 산업에 새 지평을 열고 있습니다.

상상을 현실로 만들고 있는 제프 베조스와 앨런 머스크, 그들은 기술적인 면 외에도 인문학적인 소양을 갖춘 융합형 U자형 인재입니다. 산업과 학문적인 융복합을 중요하게 보는 추세에 맞는 인재상은 그들의 사례에서 보듯이 어떤 한 분야에 갇혀있지 않고 다른 영역으로 자유롭게 넘나드는 상상력이 필요합니다. 이러한 상상력은 세상 사람들이 겪고 있는 어려움을 해결하고 편안함을 주고자 하는 마음에서 시작됩니다.

여러 분야를 넘나드는 자유로운 사고방식의 원천은 예를 들어 자동차를 복잡한 내연기관과 부품으로 구성된 기계 덩어리가 아닌 인공지능을 탑재한 컴퓨터로 보는 것과 같은 발상의 전환입니다. 토니 세바 Tony Seba 스탠퍼드 대학 교수는 2030년 전기자동차가 상용화되기 시작하면 거리에 한 대의 기름 자동차도 없을 것이라고 말합니다. 이렇게 된다면 현재 고질적인 문제인 대기오염 문제도 해결되는 긍정적인 면 외에도 현재 근간이 되는 업종도 새로운 패러다임에 의해 변경이 불가피할 것입니다. 정유업계와 자동차 부품업계가 타격을 받으며 쇠퇴하게 되지만, 전기 배터리 충전 서비스가 새로 생겨나고 무인화로 인해 소유보다는 렌탈이 선호되면서 자동차 렌탈 서비스가 새롭게 부상할 수 있습니다.

새로운 것을 만들고자 한다면 이질적인 것을 서로 융합하는 과정에서 생길 수 있는 실패를 어느 정도 예상해야 합니다. 자전거를 배우는 아이처럼 넘어짐을 놀이처럼 받아들이고 실패를 두려워할 필요가 없습니다. 앨런 머스크는 만약 어떤 것이 도전할 가치가 있다면 예상되는 결과가 실패라 할지라도 반드시 도전해보라고 말합니다. 영국의 유명한 극작가 겸 소설가인 버나드 쇼George Bernard Shaw는 "나는 젊었을 때 10번 시도하면 9번 실패했습니다. 그래서 10번씩 시도했지요."라고 말하면서 실패를 두려워하거나 무조건 안 된다고 생각하는 이들에게 도전과 희망의 메시지를 전합니다.

서로가 안 맞는 조합으로 인해 실패하는 경우도 있겠지만, 실패를 실패로 보지 않고 안 되는 방법을 발견한 것으로 보는 에디슨의 긍정적인 사고방식을 가질 필요가 있습니다. 융합 실패를 통해 원하는 것을 당장 얻지 못한다고 해도 더 좋은 것을 만들어내기 위한 신의 섭리로 이해해야 합니다. 요리에도 궁합이 맞는 재료가 있듯이 융합을 하는 과정에서도 융합의 재료들이 항상 조화롭게 어우러질 수는 없기 때문입니다. 융합을 통해 새로운 것을 창조해 나가는 것은 아직 세상에 드러나지 않은 레시피를 만들어내는 것과 같습니다.

융합은 단조로운 일상에서 벗어나 새로운 꿈을 꾸게 하는 계기를 마련해 줍니다. 그리고 융합을 하는 데 있어서 좋고 나쁜 재료가 존재하는 것이 아니라 세상에 존재하는 모든 재료는 그저 있는 그대로의 본연의 모습으로 여여(如如)한 것입니다. 세상을 여여하게 바라보지 못한다면 그저 세상의 원리를 옳고 그름으로 판단하는 이분법적인 사고에 갇힐 수밖에 없습니다. 여여하게 바라보게 되면 단조로운 일상 속에서도 소소한 행복을 느낄 수 있게 합니다.

80년대 추억과 감성을 보여주었던 드라마 『응답하라 1988』은 아날로그 세대와 디지털 세대 모두에게 잊힌 감성을 상기시켜 주었습니다. 이 드라마는 따듯했던 이웃공동체와 추억의 노래를 융합시켜 모든 세대에게 행복의 공통분모인 따뜻한 감성을 유도하면서 세대 간의 소통을 끌어냈습니다. 현대를 살아가는 사람들은 내재한 감성을 숨긴 채차가운 금속과도 같은 이성을 강조하는 사회 속에 서로 부딪히며 상처가 나면서 아파도 참고 견디어 왔습니다. 그러나 이 드라마를 통해 잊힌 감성이 되살아나 다시 이성과 융합하면서 소중한 것을 다시 일깨우게 되었던 것입니다.

융합은 성공과 실패의 과정을 통해 지혜로움을 터득하는 과정입니다. 다른 것을 서로 받아들일 때는 기쁨도 있고 아픔도 있을 수 있습니다. 아픔을 두려워하게 되면 더 이상의 성장이 멈추게 됩니다. 두려움을 극복하고 상생과 상극을 초월하면서 이해와 포용의 마음으로 꿈을 꿀 때 이분법적인 논리에 의한 양극단에 치우치지 않는 중도의 마음을 갖게 됩니다. 따라서 U자형 인재의 두 번째 요소인 융합은 어디에도 치우치지 않는 중도, 중용으로 가는 길입니다.

소통(Communication)

소통한다는 것은 상대방의 말을 이해하고 공감한다는 것을 의미합니다. 공감은 존중하는 마음에서 비롯됩니다. 그렇기에 바른 인성을 갖추지 못한다면 소통을 하기 어렵게 됩니다. 인성은 감성적인 영역입니다. 타인의 감정에 대한 이해를 나타내는 감정이입이 이루어진다면 상대방도 마음의 문을 열게 됩니다. 마음의 문이 열려야 서로 진실로 주고받을 수 있는 소통이 비로소 이루어지게 됩니다. 마음의 문을 열게 되면 경청을 하면서 상대방의 의중을 파악하게 되고, 개선을 위해 무엇이 필요한지를 알게 됩니다. 열린 마음으로 소통하면 몰랐던 새로운 사실들을 알게 되고 기존에 고수했던 주관도 바뀌기 시작합니다. 이처럼 소통은 주변 환경에 대한 열린 마음을 통한 경청과 공감을 통해 새롭게 변화된 자신을 만듭니다.

U자형 인재는 창조하고 융합하려는 기질 외에도 소통을 통한 세상과의 친밀성을 유지하기 위해 노력합니다. 가능하면 합리적인 의사소

통을 위한 교육은 어린 시절부터 시작되어야 합니다. 어린이들에게 앞으로 어떻게 바뀔지 모르는 미래의 직업을 얻기 위해 공부를 해야 한다는 것을 주입하면 즐거워야 할 공부가 스트레스로 다가오게 됩니다. 학업 성적을 우선시하는 현재 교육은 남들보다 우위에 서 있기 위한 경쟁심리를 키워 자신의 이익만을 위하는 이기적인 사람이 될 수밖에 없습니다. 경쟁보다는 세상을 살기 좋게 만들기 위한 상상력을 키워주기 위한 공부를 할 수 있게 하고, 다른 사람들과의 소통능력을 키우기 위한 환경을 만들어 주어야 합니다.

　세상에 관한 공부는 호기심과 탐구로 자발적으로 이루어져야 합니다. 호기심이 있어야 주변 사물을 관심 있게 탐구하게 되고, 탐구하게 되면 새로운 것을 알게 되면서 공부가 재밌어집니다. 이처럼 지식은 호기심에서 이루어져야 오래가기 때문에 억지로 주입하거나 의무적으로 학습하는 것은 휘발성이 있어 지속하기가 힘들게 됩니다. 현재 초등학교부터 이루어지는 공부는 결과 중심적입니다. 과정을 중시하지 않고 결과를 중시하게 되면 지식에 대한 호기심을 가질 수 없습니다. 호기심이 없이 의무적으로 수업에 임하는 학생들, 호기심이 없이 일하는 직장인들 모두, 인생을 자신의 힘이 아닌 다른 사람들이 만들어 놓은 틀에 무기력하게 따라가는 경향이 있습니다. 결국 결과 중심적인 공부는 인생에 대해 흥미를 잃어버린 수동적 인간으로 전락하게 합니다.
　많은 사람이 호기심 없이 살아갑니다. 꿈에 관심이 없거나 그냥 세상에 맞춰서 생활하고자 하는 사람들이 대부분입니다. 호기심이 있어야 무언가 하고 싶다는 의지가 생기고 꿈을 바라볼 수가 있을 텐데 세파(世波)에 이끌려 표류하는 삶을 살아가고 있는 것입니다. U자형 인재는 왕성한 호기심으로 세상을 관찰하고 주변 사람들과 소통을 하며 세상을 더 살기 좋게 만들기 위한 해결책을 만드는 것에 관심이 많습니다.

소통능력이 좋은 사람은 긍정적인 에너지를 보유하고 있습니다. 이 에너지는 자기주도적인 생각과 행동에서 나옵니다. 마음이 움직이지 않으면 주도적인 생각과 행동을 하기가 어렵습니다. 오래된 수동적인 습관에서 굳어진 마음은 무의식 속에 남아서 아무리 적극적으로 움직이려고 해도, 머리로는 이해가 되지만 마음은 쉽사리 움직이지 않습니다. 머리로만 이해하는 것은 진정한 소통능력이라고 볼 수 없고 결국은 다른 사람과의 대화에서 불협화음을 유발하게 됩니다.

상대방을 이해해야 마음의 문을 열게 되는데 말로서만 이해한다고 하고 마음으로 이해하지 못하는 것을 상대방 마음에 있는 소통 주파수가 알고 있는 것입니다. 소통창구가 막히면 마음이 편하지 않고, 편하지 않기 때문에 행복을 느낄 수 없습니다. 따라서 행복한 세상의 꿈을 추구하는 U자형 인재는 소통능력이 중요하다고 볼 수 있습니다. 그렇다면 소통능력을 갖추는 데 필요한 것은 무엇일까요? 바로 서로 다름을 인정하는 마음으로 이해하는 것입니다. 남과 나를 차별하지 않는 마음만이 진정한 소통을 가능하게 합니다.

물론 오랫동안 습관화된 관성에 의해 움직이는 마음을 바꾸기가 쉽지는 않습니다. 그렇기에 마음을 바꾸기 어려울수록 "나는 원래 그런 사람이야"라고 하면서 합리화를 시키곤 합니다. 존재하고 있는 모든 것과 친밀한 관계를 맺기 위해서는 욕심을 내려놓아야 합니다. 자신을 내려놓아야 주변을 받아들이고 변화할 수가 있습니다. 무의식으로 관성처럼 움직이는 욕심은 삶의 번뇌를 낳기 때문에 번뇌를 없애기 위해서는 매 순간 마음을 청정하게 닦는 노력이 필요합니다. 마음을 청정하게 닦는 것은 잘 비우는 것입니다. 비우는 마음에는 내 것과 남의 것에 대한 분별심이 없습니다.

나이가 들수록 마음의 짐을 내려놓으려고 노력해야 합니다. 새로운 마음의 짐이 쌓이면 쌓일수록 나와 남의 것을 나누는 분별심이 생기게 됩니다. 결국은 내 것만을 챙기려는 마음이 작용하기 때문에 욕심에 의해 서로 간의 소통을 어렵게 합니다. 소통하고자 하는 노력은 어릴 적부터 시작되어야 시행착오를 거쳐 포용할 수 있는 넓은 마음을 갖게 됩니다. 이해와 수용을 무의식에서 습관처럼 자연스럽게 받아들인다면 어른이 되어 사회에 나가서도 사람 간의 관계 속에서 소통의 어려움을 줄일 수 있을 것입니다. 소통이 원활하게 이루어지면 행복은 저절로 찾아오게 됩니다.

삶을 즐겁게 살아가기 위해서는 개인적인 역량인 창조와 융합도 필요하지만, 소통 능력을 키워줘야 합니다. 사물을 깊이 관찰하면서 융합하고 창조적인 일을 만들어 나가는 U자형 인재는 다른 사람과의 소통을 통한 즐거움을 함께 추구하기 때문입니다.

U자형 인재 사례

U자형 인재는 서로 다른 것을 배척하지 않고 수용하고 융합하며, 그것을 통해 새로운 것을 창조해내고, 주변과 열린 마음으로 창조된 것을 나누며 소통하는 면을 가지고 있습니다.

30대 초반의 젊은 나이에도 산전수전을 겪은 김수영 씨의 사례는 전형적인 U자형 인재의 특징을 가지고 있습니다. 어두웠던 기억조차도 삶을 보다 진지하게 바라볼 수 있게 만든 원동력이라고 그녀는 생각합니다. 그녀가 겪었던 다양한 경험은 사회가 부정적으로 보는 면도 이해하고 수용할 수 있는 포용력을 갖게 했습니다. 이러한 이해와 수용의 융합과정을 통해 무모한 도전을 실현해 나간 대단한 불굴의 의지를 보유한 여성이라고 볼 수 있습니다.

불가능해 보이던 꿈을 이뤄가던 그녀는 바로 지금이 소중함을 이야기합니다.

"꿈에 도전하기 좋은 시점은 바로 지금입니다. 조용히 혼자만의 시간을 갖고 차분히 생각해 보세요. 곧 죽음이 다가온다면 무엇을 할 것인지. 이걸 바탕으로 꿈 목록을 써보세요. 그리고서 딱 한 가지는 당장 24시간 내로 실행하세요."

예전에는 꿈이 가난한 사람이었던 김수영 씨. 그녀는 중학교 시절 문제아로 불리며 자퇴를 선택해야 했고, 실업계 고교에 뒤늦게 진학하게 됩니다. 하지만 방황의 기간에 그녀는 왜 태어나서 사회의 낙오자로 살아야만 하는가 자신에게 의문을 제기합니다. 심사숙고 끝에 삶에 의미를 부여한 후, 1999년 KBS 도전 골든벨 최초로 실업계에서 골든벨을 울리는 주인공이 됐고, 목표로 삼은 대학에 당당히 합격하게 됩니다. 그리고 대학 졸업 후에는 엘리트들만 들어간다는 골드만삭스에 입사하게 됩니다. 그녀는 꿈은 간절히 원하면 반드시 이루어진다는 것을 입증해 보였습니다. 물론 열정 없는 노력 없이 바라기만 한다고 이루어지는 것은 아닙니다. 밑바닥까지 내려간 경험을 통해 더는 잃을 것도 없다는 의식이 그녀에게는 충분히 목표에 대한 동기부여가 되었을 것입니다. 이처럼 U자형 인재는 긍정적인 목표 의식과 삶에 대한 의미 부여를 한다는 것을 알 수 있습니다. 주변 환경을 원망하지 않고 받아들이는 것은 배척하지 않고 포용하는 것입니다. 이것이 바로 포용적 융합입니다.

그녀는 남들이 부러워하는 회사에 다니고 있었지만, 건강을 잃고

난 후 보다 의미 있는 꿈을 이루기 위해 회사를 그만둡니다. 그리고 정말 죽기 전에 해보고 싶은 것을 위해 꿈 리스트를 작성하여 꿈을 이루어 나갑니다. 그동안 부모님 집 사드리기, 킬리만자로 오르기, 발리우드 영화 출연 등 계획했던 많은 꿈을 이루었고 지금도 진행 중입니다.

　융합의 과정을 진행하다 보면 모든 것을 배척 없이 받아들이는 포용적 융합과 그중에서 필요한 요소들만 융합하는 선택적 융합으로 나뉠 수 있습니다. 김수영 씨는 긍정적인 사고로 포용적 융합과정을 통해 원하는 대학과 직장에 들어갔습니다. 그러나 인생에는 더 의미 있는 일들이 필요하다는 것을 깨닫게 됩니다. 그동안 진정으로 원했던 것이 무엇인지를 지나왔던 삶의 조각을 끄집어내 봅니다. 여기서 가슴으로부터 울리는 무언가를 떠올리게 되는데 바로 이것이 선택적 융합입니다. 예를 들어 발리우드 영화 출연을 하려고 했다면 춤을 좋아하고, 새로운 만남을 즐기며, 요가와 명상을 좋아하는 재료가 모였을 것입니다. 이러한 재료들은 간절한 욕구를 통해 무의식 속에서 튀어나와 융합을 이루고 결국 그녀의 꿈을 이루게 했다고 생각됩니다.

　평생 하기 싫은 일을 억지로 하며 살아가는 삶에서 벗어나서 가능성이 있든 없든 다른 길을 찾아 모험을 떠나는 그녀에게 세상은 많은 선물을 안겨 주었습니다. 이 모든 것이 남다른 선택과 도전이 아니었다면 가능하지 않은 일이었습니다. 새로운 모험을 두려워하는 사람들에게 그녀는 이렇게 말합니다.

"제가 두려움 없이 많은 도전을 할 수 있었던 것은 바닥을 쳐봤기 때문일지도 몰라요. 대부분 사람은 바닥까지 가보기도 전에 두려워하거든요. 사실 바닥이 그렇게 깊지 않아요. 그래서 저는 꿈을 찾기 위해서는 한 번쯤 바닥을 쳐도 되지 않을까? 좀 더 실패해도 되지 않나? 생각하기도 해요. 사실 경험해 보면 별로 두려운 것이 아니거든요."

머릿속에서 고민으로 가득 찬 삶을 살아가지 말고 스스로 도전하고 꿈을 실현하기 위한 계획과 실천을 하는 삶을 살아가기를 바라며, 그녀는 지금도 스스로 한계에 도전하며 꿈을 실현해 나가고 있습니다.

다른 사례는 인공지능(AI) 알파고의 개발자인 데미스 하사비스Demis Hassabis입니다. 그는 알파고와 이세돌 9단의 대국을 통해 일약 스타덤에 올랐습니다. 그가 만든 인공지능과 인간의, 세기의 바둑대결을 통해 새로운 패러다임을 열 인공지능의 무한한 가능성을 인식할 수 있게 했습니다. 하지만 인공지능(AI)은 인간에게 편리한 삶을 주는 순기능 외에도 역기능에 대한 논의가 뜨겁습니다. 인공지능의 급격한 발전에 대한 두려움에 대해 데미스 하사비스는 알파고는 한 가지 일(바둑) 밖에는 할 수 없는 시스템이라고 말했지만, 인공지능이 많은 산업 분야에 쓰일 날은 멀지 않았습니다. 지금도 의료, 국방 및 산업 현장에서는 조금씩 인공지능이 적용되고 있습니다. 어떻게 사용하느냐에 따라서 인간에게 편리함을 줄 수도 있고, 두려움을 줄 수도 있는 양날의 검과 같은 것이 바로 인공지능입니다.

인간의 기술은 유용하게 쓰면 지극히 편리하지만, 악용되게 되면 무서울 정도로 세상을 공포로 몰아갈 수 있습니다. 인간은 자신의 이익만을 추구한다면 언제든지 인공지능(AI) 또한 인간의 편의와 복지 증진이 아닌 이윤과 효율성을 따지는 기업 논리에 빠질 수 있습니다. 그렇게 된다면 인간의 직업은 점점 최첨단 인공지능에 의해 대체되고 실업자들은 더욱 늘어날지도 모릅니다. 옥스퍼드 대 연구에 의하면 미국 직업 중 47%가 앞으로 20년 내 컴퓨터에 의해 대체되리라고 전망하며 위의 사실을 뒷받침하고 있습니다. 또한 인공지능은 최첨단 기술의 결정체인 군 무기에 도입될 가능성이 큽니다. 드론과 인공지능이 활용되어 군 무기에 사용될 경우 테러와 전쟁에 얼마든지 사용될 수 있다는 것을 유추해 볼 수 있습니다.

결국은 기술을 사용하는 인간의 도덕성을 기대할 수밖에 없다는 것을 알 수 있습니다. 하사비스는 알파고의 능력에 대한 세상의 두려움에 대해 "우리는 인공지능을 도구로 본다. 인간이 하기 힘든 작업이나 지겨운 일들의 자동화에 도움을 줄 것"이라고 강조합니다. 많은 전문가가 감정을 이해하며 인간의 영역에 영향을 끼치는 인공지능의 발달은 많은 시간이 걸리리라 전망합니다. 하지만 예기치 않았던 알파고의 사례처럼 어느 날 불쑥 우리가 생각했던 것보다 일찍 그런 날들이 다가올지는 알 수 없는 일입니다.

76년 영국 런던에서 태어난 하사비스는 네 살 때 체스를 시작해 영국 체스 챔피언과 세계 유소년 체스 2위까지 오른 체스 신동입니다. 또한 어릴 적 컴퓨터를 끼고 살 정도로 게임 마니아였던 그가 남들보다 2년 빨리 고등학교를 졸업한 것을 보면 우수한 두뇌의 소유자임이 틀림없습니다. 그런데 그는 졸업 후 대학에 진학하지 않고 게임 개발사인 피터 몰리뉴에 들어가게 됩니다. 그 후 컴퓨터 알고리즘과 인간 뇌 연구를 결합한다는 꿈을 가지면서 케임브리지대학에 진학하여 컴퓨터 과학을 전공하고, 영국 유니버시티 칼리지 런던에서 인지신경과학 박사학위를 받게 됩니다. 여기서 중요한 것은 그가 타고난 천재라는 것이 아니고 흥미 있는 분야를 일찍 스스로 선택하고 전념해 왔다는 것입니다. 국내 대다수 젊은이가 교육시스템이 만들어 놓은 굴레에서 빠져나오지 못하고 헤매는 것과는 대조적입니다. 물론 일부 자기 주도적이고 창의적인 젊은이들은 더 새로운 영역을 스스로 만들고 있습니다. 스스로 꿈을 찾아 나서고 자신의 즐거움은 물론이고 타인에게 도움을 줄 수 있는 무언가를 시도하는 사람, 바로 그들이 U자형 인재라고 볼 수 있습니다.

하사비스는 박사학위를 받은 후 2011년에 딥마인드를 창업해 인공지능 개발에 착수했습니다. 2014년에 구글은 클래식 비디오 게임인 아타리라는 이름의 스스로 배워 즐기는 딥마인드의 소프트웨어 시연을 본 후 회사를 사들이기로 합니다. 이처럼 알파고는 딥마인드의 인공지능기술과 구글의 풍부한 데이터를 바탕으로 탄생하게 됩니다. 어린 시절부터 어떻게 뇌가 복잡한 업무를 익히는지, 컴퓨터도 인간의 뇌처럼 똑같이 배울 수 있는지에 대한 의문을 품었던 그는 일을 놀이처럼 즐겼던 게임 마니아였습니다. U자형 인재는 자신이 선택한 일을 의무로 여기지 않고 놀이처럼 즐기는 경향이 있습니다. 논어에서는 "아는 사람은 그것을 좋아하는 사람만 못하고, 좋아하는 사람은 즐기는 사람만 못하다"고 했습니다. 하사비스와 같은 사람은 스스로 좋아하는 것을 깊게 즐기고 삶을 스스로 창조하는 U자형 인재입니다. 따라서 U자형 인재는 일에 의미를 부여하고 즐기는 삶을 지향합니다.

세상을 편리하게 하고, 기계와 인간과의 소통능력을 향상하기 위해 하사비스는 인공지능을 만들었을지도 모릅니다. U자형 인재는 자신은 물론이고 타인을 사랑하고 존중하는 마음을 가지고 있습니다. 지성과 덕성이 융합되지 않은 인재는 왜곡된 사고로 세상을 혼란에 빠트릴 수 있습니다. 따라서 U자형 인재는 융합하고, 창조하며 소통하는 앞으로 꿈을 추구하는 사람들이 지향해야 할 인재상인 것입니다. U자형 인재는 건전한 꿈을 추구하는 보통사람들이 세상에 나온 소명을 이루며 행복한 삶을 위해 나아가기 위한 지향점입니다. U자형 인재가 되기 위해서 위의 두 사람과 같은 유명인이 되어야 한다는 것은 아닙니다. 꿈을 사랑하고 실천하며 소소한 일상의 행복을 꾸준히 체험하고 변화하는 그들이 바로 U자형 인재입니다.

노동으로부터의 자유

직장이라는 곳은 일 즉, 노동을 통해 돈을 버는 곳입니다. 노동이라고 하면 배분된 일에 대한 책임과 의무를 다하는 조건으로 경제적 보상을 얻는 행위를 말합니다. 직장인들은 일함으로써 월급과 자유를 교환합니다. 한 달 열심히 일한 대가로 월급을 받으면서 자유를 누릴 수 있는 시간을 금전과 교환하는 것입니다. 따라서 직장인들은 휴일이나 휴가를 위해 온갖 힘든 일에도 인내하면서 달콤한 자유의 시간을 기다립니다. 그러나 짧게만 느껴지는 자유의 시간은 오래가지 않습니다. 후에는 다시 회사에 복귀하여 시간에 대한 선택권을 회사에 반납하고 의무와 책임을 다하게 됩니다. 물론 직장에서 주어지는 금전적 보상은 기본적인 생계를 꾸려나가는 데에 도움을 주는 것은 사실입니다. 하지만 기본적 생계에 대한 궁극적 자유를 누리기 위해서는 금전적으로 고민하는 부분에서 해방되어야 합니다.

금전적인 고민에서 해방하기 위해서는 세 가지 방법이 있습니다.

첫째는 선대에서 받은 재산으로 인해 원천적으로 해방된 경우입니다. 힐튼 가 상속녀로 지정된 패리스 힐튼Paris Hilton은 상속된 많은 재산으로 일할 필요가 없는 상황이었습니다. 그러나 그녀는 자기만족을 위해 모델, 영화배우, 가수 등의 다양한 활동을 하면서 재능을 마음껏 펼쳐나가고 있습니다. 이처럼 풍족한 재산으로부터 오는 금전적 자유는 삶에 있어서 다양한 모험을 시도해 볼 수 있게 합니다.

　최근 부모 재산에 따라 자식의 경제적 지위가 금·은·동·흙수저로 결정된다는 수저 계급론이 젊은이들 사이에서 유행하고 있습니다. 물론 집안이 경제적으로 여유가 있다면 자녀들이 좋은 교육을 받을 기회가 많을 것입니다. 그로 인해 원하는 일을 할 수 있는 확률이 높아지고 신분상승이 가능하다는 것이 수저계급론에서 얘기하고자 하는 내용입니다. 그러나 부모가 경제력이 있다고 자녀에게 유리한 점만 있는 것일까요? 오히려 부모의 경제력은 자립심이 부족하고 의존적인 자녀로 자랄 수도 있다는 양면성을 인식할 필요가 있습니다. 준비되지 않은 상태에서 쉽게 물려받은 재산은 새어 나가기 마련입니다. 부모의 경제력을 믿고 방탕한 삶을 살아가는 사례는 주변에서 어렵지 않게 볼 수 있습니다.

　남이 일궈 놓은 것을 탐하고 스스로 개척하지 않는 삶은 주인 된 삶이 아닙니다. 보람도 없고 공허한 불행한 삶일 뿐입니다. 수저계급론은 배금주의로 치닫는 현실에 노출된 젊은이들이 여러 가치 중에서 오직 경제력에 대한 가치를 중요시하면서 생긴 신조어라는 것에 안타까운 마음이 듭니다. 오직 전문직에 종사하고 대기업 또는 공기업에 들어가는 것만이 가치 있는 인생인지 스스로 자문해보아야 합니다.

둘째는 열심히 직장에서 뼈를 묻을 각오로 일하면서 성공하고 금전적인 해방을 누리는 방법입니다.

노력을 통한 성공이라는 공식이 겉으로는 그럴듯하게 보일지 모릅니다. 하지만 이 방법에는 위험 요인이 있습니다. 직장에 올인하면서 살아가기 때문에 가족, 친구, 취미 등 다른 가치와 바꾸어야 한다는 것입니다. 시간은 한정되어 있기에 하는 일에 온갖 신경을 쓰며 대부분 시간을 보낸다면 다른 가치는 소외되기 마련입니다. 따라서 결국 다른 소중한 가치 중에서 가족, 친구, 본인이 하고 싶었던 꿈 또는 취미와 맞바꿀 수밖에 없습니다.

직장에서 성공한 사람들은 성공이라는 달콤한 성취에 길들면서 일 중독에 빠지게 됩니다. 하지만 삶을 통틀어서 성공으로 일관된 인생은 없습니다. 언젠가는 내려갈 준비를 해야 할 상황이 오게 됩니다. 시간이 흘러 어떤 사유로 인해 직장에서 떠나는 순간이 오게 마련입니다. 올라가는 데 익숙한 사람은 내려오는 것을 경험하게 되면 자신의 존재감을 잃어버리고 주저앉게 됩니다. 성공하는 삶만이 삶의 이유라고 생각하기 때문입니다. 밑으로 내려온 순간 그동안 자기 얻은 것과 다른 가치들을 맞바꾸었다는 것을 깨닫게 됩니다. 뒤늦게 만회해보려고 하지만 이미 예전과는 달리 변해버린 가족과 주변 사람들에게 외면을 당하게 됩니다. 한쪽으로 편향된 삶은 반드시 치우침이 크면 클수록 삶의 균형을 찾지 못한 이유로 마음의 괴로움을 받게 마련입니다.

세 번째 방법은 금전적인 고민에서 아예 해탈하는 방법입니다.

정신적 수양을 통한 오랜 각고의 노력 끝에 금전적인 고민으로부터 자유로워질 수도 있습니다. 그러나 가족도 같이 금전에 대해 초연할 수 있다는 전제가 아니면 오히려 가족으로부터 무책임한 배우자 또는 부모라고 비난을 받을 수 있습니다. 혼자도 아닌 가족 모두가 공감하고 같은 생각을 품는 것은 쉬운 일이 아닐 것입니다. 자신을 변화시키는 것도 힘들지만 다른 사람을 변화시키는 것은 더욱 힘든 일이기 때문입니다. 일하지 않으면서 정신적인 수양만으로 의식주를 해결하면서 살아갈 수는 없습니다. 일할 수 있는 신체적 조건이 되면서도 일을 하지 않는 것은 우리가 태어나면서 몸을 받은 이유를 무색하게 합니다. 태어나면서부터 죽을 때까지 어떤 일을 하든 우리는 일을 하고 있습니다. 결국 정신적인 작용이 몸을 움직이게 하고 일을 하면서 주변 사물과 교류를 통한 다양한 경험을 하는 것입니다.

일이라고 하면 노동으로 생각하기 쉬운데 일은 개인별로 어떻게 인식하는지에 따라 노동 또는 놀이가 될 수 있습니다. 일은 노동이라고 생각하면 자유와 대가를 교환하는 행위가 되고, 놀이로서 생각하면 즐거움의 에너지를 충전하는 창조적 행위가 됩니다. 노동한다고 해도 그 일을 통해 수입은 물론이고 자신의 배움을 증진하고 타인에게 도움을 줄 수 있는 경우도 있습니다. 그런데 만약 현재 하는 일을 노동이 아닌 놀이로서 인식하는 경우에는 창조적이고 긍정적 에너지가 충만하여 자발적으로 자신과 타인 모두에게 도움을 준다는 자부심으로 일하게 됩니다. 자발적 놀이를 통해 행복을 느낄 수 있는 일을 하게 되는 것입니다.

대다수 평범한 직장인에게는 회사는 날마다 근근이 살아가기 위한 일용할 양식을 얻는 곳으로 여겨집니다. 자신의 목표와 비전도 회사의 정책과 이윤 추구의 목표에 묻히는 경우가 많기에 어쩔 수 없이 참고 견뎌야 하는 곳으로 전락하기 때문입니다. 이런 상황에 순응하게 되면 청년의 패기는 온데간데없고 마지못해 노동하는 단계로 접어들게 됩니다. 문제는 이러한 수동적 상황에 빠져 청장년의 시기를 허비하면서 늦은 나이에 퇴직 또는 은퇴를 했을 때 소중한 가치들을 찾지도 못한 채 사회를 원망하며 조용히 인생을 마감하게 된다는 것입니다.

이처럼 일을 단지 먹고 살기 위해 억지로 해야 하는 노동으로 생각한다면 계약된 노예와 같은 생활을 한다고 볼 수밖에 없습니다.

서양의 중세시대와 우리나라의 조선 시대의 사회적 계층구조를 보면 경제적인 활동을 하는 노동자 즉 노예계층과 학문과 예술을 즐기는 지식인계층으로 나누어져 있었습니다.

당시의 지식인계층은 노동으로부터 자유로웠기 때문에 정치, 문화, 사회, 예술 등 다양한 분야에서 창조활동을 펼치면서 새로운 가치를 창출해 왔습니다. 그리고 그들은 자발적인 놀이를 즐겼기 때문에 원래 가진 기능을 뛰어넘는 새로운 문화를 창조해 낼 수가 있었습니다.

밥을 담는 기능 이상을 원했기에 도자기가 탄생했고, 단지 열매를 먹기 위해 나무를 심는 것 이상을 원했기에 정원을 만들어냈습니다. 이처럼 현대의 문화, 예술을 통해 우리가 향유하는 많은 것들이 그들의 창조적 활동을 통해서 만들어졌습니다.

하지만 노예는 그러한 것을 창조해 낼 시간적 여유가 없습니다. 따라서 현대판 노예의 생활에서 벗어나기 위해 어떻게 현재 할애된 자신만의 시간을 조금씩 더 확대해 나가면서 가치를 찾고, 그 가치를 사회의 요구와 교환하면서 금전적인 자유를 찾아 나갈지를 고민해야 할 것입니다.

우리는 수동적으로 타인의 생각에 따라 생활하는 노예가 아닌 삶의 주인으로 태어났습니다. 즉 세상을 창조하는 창조자로서의 기질을 가지고 태어난 것입니다. 새로운 것을 창조하는 것은 고통과 외로움이 있을 수 있지만, 즐거움과 자유 그리고 다른 것과의 소통을 느낄 수도 있습니다.

노예가 아닌 삶의 주인으로서 창조적 이야기를 만들어가는 사람이 U자형 인재입니다. 그들은 사물의 단면과 현상의 단면만을 보지 않고 융합해서 입체적으로 보는 경향이 있습니다. 융합은 디지털적인 차가운 이성에 따뜻한 감성과 소통의 정신을 내포하고 있습니다. 차가운 이성으로 스스로 길을 개척하고 따뜻한 감성으로 인생을 감싸 안을 수 있는 포용력을 가진 U자형 인재는 진정한 삶의 주인입니다.

작은 습관이 인생을 좌우한다

오랜 시간 동안 쌓여온 습관들이 현재의 상태를 반영하고 미래의 모습을 예측할 수 있게 합니다. 아침에 일어나서 밤에 잠이 들기까지의 사소한 습관들이 행동을 유도하고 행동은 본인과 타인에게 영향을 미치기 때문입니다. 좋은 습관은 좋은 결과를 가져오기 마련이고, 나쁜 습관은 결국 자신과 타인에게 악영향을 끼치기 때문에 미래의 결과가 좋을 수 없다는 것은 어느 정도 유추할 수 있습니다. 결국 습관이 인생을 좌우하기 마련입니다. 그렇기에 어떻게 하면 좋은 습관으로 하루하루를 채워나갈지 고민할 필요가 있습니다.

습관은 먹고, 자고, 입고, 말하고, 생각하는 것을 들 수 있는데, 인간의 기본적인 욕구를 채우는 행위 외에도 생각과 외부로부터 받아들이는 감정처리의 마음가짐과 몸가짐 등으로 분류될 수 있습니다.

예를 들어 인간은 적당한 운동을 해야 건강한 신체를 유지할 수 있습니다. 하지만 일부러 운동하기 위해 날마다 시간을 투자하는 사람들은 많지 않습니다. 운동을 할 수 있는 시간이 없다고 해도 헬스클럽에 가지 않고 칼로리를 소비할 방법은 많습니다. 자가용 대신 대중교통을 이용하고 출퇴근 시간에 계단을 이용하거나 걸을 수 있는 거리를 늘리는 것은 충분히 운동량을 늘리는 방법입니다. 또한 하루에 5분 정도라도 가볍게 몸을 풀 수 있는 운동을 한다면 건강한 몸을 유지하는 데 도움이 될 것입니다.

중요한 것은 작은 습관으로 쪼개서 꾸준히 실천하는 것이 중요합니다. 마음먹고 짧은 시간 내에 원하는 효과를 얻고자 하는 계획은 실패할 확률이 높습니다. 대부분 시간이 많이 소요되거나 인내해야 하는 경우가 많기 때문입니다. 실천하기 쉬운 작은 습관으로 일상을 채워나가는 것이 효과는 빠르게 나타나지 않을 수 있지만 꾸준하게 성장할 수 있는 계기를 마련하게 됩니다.

독서는 마음의 양식으로 수많은 지혜로운 사람들과 만날 수 있는 간접적 경험을 제공합니다. 책을 읽기가 쉽지 않다면 하루에 한두 페이지만 읽는 습관을 길러도 됩니다. 익숙해지게 되면 읽는 페이지 양을 조금씩 늘려갈 수 있을 것입니다. 먹는 음식과 음료를 조금씩 바꿔보는 습관도 건강을 유지하는 데 도움이 될 수 있습니다. 인스턴트 음료나 카페인이 담긴 음료 대신에 물을 마시는 습관은 건강한 피부를 가져다줍니다. 물을 주기적으로 마시게 되면 피부에 충분한 수분이 공급되어 노화를 방지하게 됩니다. 또한 소화와 장 기능을 활발하게 하고 몸의 노폐물도 제거하는 효과가 있습니다.

먹고 마시는 것은 신체를 유지하게 하는 필수적인 활동입니다. 먹고 마시는 것은 즐거워야 합니다. 하지만 몸에 악영향을 미치는 것은 가려서 먹을 필요가 있습니다. 몸을 불편하게 하거나 질병을 가져다줄 수도 있기 때문입니다. 몸이 문제가 생기면 정신적인 건강에도 영향을 미치게 됩니다. 몸과 마음이 하나로 연결되어 있다고 한다면 몸을 건강하게 유지하는 것이 여유롭고 행복한 삶을 유지하는 중요한 요소라고 볼 수 있습니다.

바른 몸가짐을 갖는 습관은 운을 부르게 됩니다. 전철을 타면서 다리를 벌리고 앉아 있거나 심하게 떠드는 모습을 종종 볼 수 있습니다. 다리를 떨면서 앉아 있는 것을 보면 초조하게 보이고 보는 사람도 불안하게 합니다. 공공장소에서 아무 생각 없이 쓰레기를 버리는 행동도 복이 쌓이는 것을 요원하게 합니다. 자신은 편할지 몰라도 다른 사람을 불편하게 만드는 것은 결국 좋은 운을 가져다주지 않기 때문입니다.

예수 그리스도는 "무엇이든지 남에게 대접을 받고자 하는 대로 너희도 남을 대접하라"고 말했습니다. 인생을 행복하게 하는 황금률로 널리 알려진 황금과 같은 진리입니다. 공자 또한 황금률과 비슷한 서(恕)에 대한 자공과의 일화가 있습니다.

자공이 물었습니다. "한마디 말로 평생토록 지키고 행할 수 있는 말이 있겠습니까?"

공자가 말하길 "바로 서(恕)라고 볼 수 있다. 자신이 원하지 않는 일을 남에게 강요하지 않는 것이다"

서(恕)는 역지사지(易地思之)의 마음으로 남의 마음을 헤아리고 자신과 같이 생각하며 용서한다는 뜻입니다. 자신이 좋은 것은 남도 좋고, 자신이 싫은 것은 남도 싫을 수 있습니다.

다른 사람을 배려하는 어진 마음이 들면 자신의 행동을 뒤돌아보게 합니다. 마음으로 깨닫게 되면 바른 몸가짐은 저절로 나오게 될 것입니다. 바른 몸가짐은 선업(善業)을 쌓는 일입니다. 바른 자세와 바른 말을 할 때 마음을 고요하고 편안하게 합니다. 바르지 않은 자세는 상대방에게 무례함으로 보일 수도 있기에 갈등을 만드는 요인을 제공합니다. 그리고 상처를 주는 말은 상대를 화나게 하거나 슬프게 하기도 합니다. 불교에서는 바른 몸과 마음가짐을 갖는 습관을 팔정도(八正道)를 통해 더 자세하게 제시합니다.

팔정도는 삶의 고통을 없애고 열반에 이르는 수행의 길을 제시합니다. 정견(正見 바른 견해), 정사유(正思惟 바른 생각), 정어(正語 바른말), 정업(正業 바른 행위), 정명(正命 바른 생활), 정정진(正精進 바른 노력), 정념(正念 바른 마음 챙김), 정정(正定 바른 지혜)이 바로 팔정도의 내용입니다. 수행자가 아닌 보통 사람이 팔정도를 실천하기는 쉽지 않을 것입니다. 하지만 실천해야 할 도리가 언뜻 많고 복잡해 보여도, 결국은 자신과 남도 하나, 자신과 우주도 하나라는 인식에서 출발하여 많은 윤리나 계율이 나오는 것입니다.

바른 몸가짐과 마음가짐을 갖는 습관을 갖게 되면 몸과 마음의 건강에 좋은 것을 저절로 선택하게 됩니다. 그렇기에 바른 정신과 몸가짐의 예절은 고리타분한 유교의 덕목이 아니라 방종과 문란한 사회질서를 회복하고 행복한 삶으로 이끄는 처방이 될 수 있습니다.

조선 시대만 해도 형식적인 예절을 지키기 위해 희생을 강요하고 자유를 억압하던 과거가 있었습니다. 유교 본연의, 인간에 관한 관심보다는 신분 질서를 유지하는 수단으로 사용되고 실천보다는 이념에만 빠져 분열을 조장했던 봉건적 이념으로 인식되었기 때문에 예를 논하면 부정적인 인식이 강할 것입니다. 그러나 유교는 이념에만 빠져있는 것을 경계했습니다. 공자가 말하길 "옛날 배우는 자는 자기 때문에 하였는데, 오늘날 배우는 자는 남 때문에 한다"고 하였습니다. 남을 의식하며 알려지고자 하는 욕구와 명예와 이익을 추구하는 공부는 결국 본연의 자신을 잃게 한다는 말입니다.

공자는 사랑하는 마음과 사랑의 실천을 강조해 왔습니다. 인(仁)은 사람을 사랑하는 마음을 의미합니다. 그리고 예는 사랑의 실천을 의미합니다. 결국 바른 마음과 행동을 통한 작은 사랑의 실천은 품격을 올려주고 은은한 향기가 나오게 합니다. 향기로운 사람 주위에는 향기를 사랑하는 사람들이 모이게 마련입니다. 그리고 그들도 향기롭게 만들고 작은 사랑을 실천하게 합니다. 자신을 사랑하면 올바른 작은 습관의 실천으로 채워야 합니다. 올바른 작은 습관으로 사랑을 실천하면 타인을 사랑하는 마음의 여유가 생길 수 있습니다. 이러한 삶을 실천하는 향기 있는 사람들과의 교류는 맑고 밝은 기운으로 운을 좋은 방향으로 인도하며 삶을 풍요롭게 할 것입니다.

꿈과 욕심

꿈을 추구하는 이유는 행복하기 위해서입니다. 그렇지만 하루 일상을 보내면서 행복한 느낌을 유지하기는 쉽지 않습니다. 아침에 일어나서 잠자리에 드는 순간까지 마음은 생각과 감정 그리고 오감을 통해 느끼는 정보에 의해 행복과 불행 사이에서 줄타기하기 때문입니다.

사람들은 꿈을 꾸는 것을 거창하게 생각하는 경향이 있습니다. 본인이 생각하기에 어렵다고 생각하는 꿈을 꾸기 때문에 행복해지기가 쉽지 않은 것입니다. 이룰 수 없기에 불행하다고 생각하게 됩니다. 거창한 꿈만이 진정한 꿈이라는 오해 때문에 위축되고 자신감을 잃을 수 있습니다. 또는 힘써 노력하지 않으면서 요행을 바라는 욕심을 부리게 됩니다.

무엇인가를 가지고 싶고, 되고 싶은 것이 욕심은 아닙니다. 다만 노력보다는 결과에 관한 바람이 강할수록 욕심이라고 할 수 있습니다. 이러한 욕심을 통해 목적한 바를 이룬다고 해도 쉽게 얻은 것은 자신에 대한 자만감만 키우게 됩니다. 만약 꿈을 이루지 못한다면 실패로 인한 분노와 슬픔의 감정이 생깁니다. 이러한 감정은 자신이 불행하다고 생각하게 하고 점점 우울감에 빠져들 수도 있습니다. 분노와 슬픔은 욕심에서 비롯되는데 이러한 감정은 행복한 마음을 어렵게 만드는 장애물입니다.

꿈의 성취는 작은 것에서부터 시작하는 것이 좋습니다. 작은 꿈의 성취에 욕심이 개입되기는 어려울 것입니다. 또한 작고 소박한 꿈은 이룰 수 있는 확률이 높기에 행복을 찾기가 쉽습니다. 행복을 찾기 위해 많은 시간을 허비할 필요가 없다는 것입니다. 최근 물질주의 환경에 물든 학생들은 행복이 멀고 높은 꿈을 성취하는 것에 있다고 생각하는 경향이 있습니다. 그들은 행복하기 위해서 남들이 말하는 소위 이름 있는 대학에 가야 한다고 생각합니다. 이름 있는 대학에 가는 이유는 좋은 직장에 들어가기 위해서이고, 좋은 직장에 들어가는 이유는 바로 돈을 벌기 위해서라고 합니다. 그렇다면 왜 돈을 벌어야 하는지를 물어보면 돈으로 자유를 살 수 있기 때문이라고 말합니다. 결국 악착같이 공부한 이유가 직장생활에서 며칠 안 되는 휴일과 휴가를 자유롭게 보내기 위해서라는 결론이 나옵니다. 그 일 년에 며칠 안 되는 자유를 위해 돈을 번다는 엉뚱한 논리로 귀결되는 것입니다.

요즘 많은 사람이 꿈이 없다고 합니다. 무언가 거창한 것이 꿈이라고 생각하고, 자신의 적성을 찾지 못했기 때문에 추구할 꿈이 무엇인지 모른다고 합니다. 꿈을 꾸는 것이 행복을 위해서라면 거창한 꿈과 적성에 맞는 일만이 행복을 주리라 생각할 필요가 있을까요?

꿈을 위해 먼 곳을 바라보고 어디에 있는지도 모르는 자신의 보물을 찾고 있는 사이 바로 곁에 그리고 무심코 지나왔던 길가에 보물이 있었는지도 모릅니다. 얼마나 많이 감사할, 꿈같은 일들이 곁에 있는지도 모른 채, 바로 이 순간에 머물지 못하고 미래 또는 과거에 사는 것이 많은 사람의 현실입니다.

불교에서는 오랫동안 몸과 마음에 쌓여온 나쁜 습관에 의하여 무의식적으로 어리석음에 의한 과보를 만든다고 말합니다. 이러한 습관은 괴로움을 만드는 원인이 됩니다. 따라서 어리석은 생각과 행동이 쌓여 습관이 되면 불행이 만들어지게 됩니다. 이러한 어리석음은 욕심에서 비롯되고, 건전한 꿈을 꾸지 않고 행복에서 거리가 먼 꿈을 꾸게 합니다. 왜곡된 꿈은 잠시 즐거움을 느낄 수 있을지 모르지만 밝은 즐거움이 아닌 잠깐의 말초신경을 자극하는 즐거움으로 전락할 수밖에 없습니다.

자신과 타인 모두 즐거움을 줄 수 있는 꿈을 이루는 사람들은 욕심이 없습니다. 이러한 사람들이 순수한 마음으로 소소한 꿈을 추구하는 진정한 꿈 전도사입니다. 욕심을 없애려면 어떻게 해야 할까요? 물론 작은 것에 감사할 줄 알고 비우는 수양도 필요하지만, 그동안 쌓여온 나쁜 습관을 제거하고 좋은 습관으로 채우는 것이 우선 필요합니다.

그런데 문제는 이러한 나쁜 습관은 쉽사리 고쳐지지 않는다는 것입니다. 몸과 말 그리고 마음으로 표출되는 습관은 오랜 세월에 걸쳐 자리를 잡았기 때문입니다. 그 습관이 몸에 배어 그런 행동과 말을 해야 편하다고 생각하게 합니다. 나쁜 습관이라고 생각된다면 자기 합리화를 하지 말고 과감히 내려놓고 버려야 합니다. 한 번 두 번 버려도 다시 집어 들겠지만, 절대 포기하지 말아야 합니다. 그리고 그 순간의 유혹을 다른 좋은 습관으로 채워나가며 즐거움을 느낄 필요가 있습니다. 그렇게 마음을 헤아리며 자신을 내려놓을수록 욕심으로 인한 번뇌가 사라지고 조금씩 마음의 안정이 찾아오게 될 것입니다.

불교의 화엄경에서는 모든 현상은 오로지 마음이 만들어낸다고 합니다. 즉 사람이 어떻게 생각하느냐에 따라 행복과 불행으로 나누어진다는 말입니다. 행복을 위해서 꿈을 꾼다면 주변의 소소한 꿈이라고 해도 마음먹기에 따라 행복을 줄 수 있습니다. 조용히 따듯한 차 한잔을 기울이며 눈 덮인 창가를 바라보는 시간, 어린 자녀들과 눈싸움을 하며 보내는 시간, 오랫동안 못 만났던 지인을 만나는 시간처럼 꿈은 소박하면서 은은하게 행복을 이어갈 수 있는 일들로 채워나가야 합니다. 왜냐하면 꿈을 꾸는 것은 궁극적으로 행복을 추구하기 위해서이기 때문입니다.

지혜로운 사람은 자신의 허물을 보고 참회하고 반성함으로써 올바른 길로 나아갈 수 있다고 합니다. 모든 일이 마음 먹기에 달려있듯이 행복과 불행의 스위치는 항상 스스로 선택할 수 있게 준비되어 있습니다. 무명(無明)의 어리석음으로 욕심을 가지고 성취하는 것은 잠깐의 행복감을 느낄 수 있을지도 모릅니다. 하지만 이는 다른 불행으로 가는 업(業)을 만드는 씨앗이 됨을 명심해야 합니다. 욕심이 드러났다는 것을 인식하고 불행의 스위치를 누른 자신을 뒤늦게라도 발견하고 반성해야 올바른 중도의 길로 다시 접어들 수 있습니다.

욕심 없는 가볍고 소소한 꿈의 실천이 행복의 지름길이 될 수 있습니다. 날마다 행복과 불행을 오가며 출렁대는 마음은 욕심에서 비롯되기 때문입니다. 소소하고 잔잔한 일상이 우리가 찾는 행복한 삶의 진실일지도 모릅니다.

도전과 드림셰프

　「무한도전」을 보면 대한민국 평균 이하 남성들을 자처하면서 멤버들이 주어진 과제들을 소화해 나갑니다. 이 프로그램을 보면 무엇이든 도전하고자 하면 자신의 현재 생각하고 있는 능력이라는 것은 크게 중요한 요소가 아니라는 것을 알 수 있습니다. 삶은 새로운 것에 대해 두려움을 극복하고 도전하는 과정입니다. 이 도전을 통해 유한한 삶 속에서 자신감을 얻고 자신에 대한 자존감을 일깨우게 됩니다. 꿈의 재료는 자유, 즐거움, 사랑, 성과, 안정으로 나누어집니다. 그중에서 성과 재료, 즉 성취를 위한 재료는 자신이 생각하는 한계를 뛰어넘어 세상을 끌어안는 데 필요한 재료입니다.

　자신의 틀을 깨는 것은 자기 자신에 대한 편견이라는 벽을 깨는 과정입니다. 도전은 자신이 생각하는 것보다 더 훌륭한 존재라는 것을 인식하게 합니다. 설령 도전을 통해 쓰러진다 해도 그것은 과정일 뿐 실패로 여길 필요는 없습니다. 무한도전이 오랫동안 사랑받는 것은 도전을 통한 성공뿐만이 아니라 실패를 통해서도 휴머니즘을 느끼기 때문입니다. 그동안 무한도전은 도전을 통해 많은 스토리들을 만들어 왔습니다. 유능하다기보다는 조금은 보통사람들보다 부족해 보이는 그들의 도전하는 모습에 감동도 받고 때론 인간적인 면에 웃음도 짓게 되는 것입니다. 「1박 2일」과 「꽃보다 할배」 그리고 「삼시 세끼」를 히트한 나영석 PD는 일상의 소소한 즐거움을 화면에 잘 표현하는 것 같습니다. 그의 프로그램은 여행 또는 지극히 평범한 일상 속에서 인위적으로 만들어 놓은 틀이 아닌 자연스러운 연출을 만들어 나갑니다. 일상생활 속에서 자연스럽게 일어나는 상황 속에서도 소소한 재미와 즐거움을 느낄 수 있습니다. 하지만 재미와 즐거움을 느끼기 위해서는 도전과제 즉 미션Mission이 있어야 합니다.

최근에 나온 「신서유기」는 초창기 「1박 2일」 멤버들이 중국에서 좌충우돌하는 상황을 통해 시청자들에게 웃음을 주고 있습니다. 막연하게 스펙을 채우기 위해 배우고 있는 외국어가 아닌 실생활 속에서 언어 초보자가 겪을 수 있는 일들을 리얼하게 보여주며 재미를 더합니다. 이 프로그램에서도 예외 없이 출연진에게 미션을 줍니다. 출연진들은 외국에서 스스로 차를 타고 물건을 사는 등의 체험을 통해 현지인들과 조금씩 소통을 해나가게 됩니다.

도전이 없으면 스토리는 제약될 수밖에 없습니다. 많은 작고 큰 도전을 통해서 풍부한 인생의 스토리가 만들어지게 되는 것입니다. 그리고 도전을 통해 성취감을 느끼면서 자신감을 회복하고 자존감을 얻게되며 어떤 상황에서도 흔들리지 않는 신념을 갖게 됩니다. 도전하는 것은 특별한 사람들만의 전유물이 아닙니다. 그리고 도전이라는 것은 거창할 필요도 없습니다. 「무한도전」, 「1박 2일」, 「삼시 세끼」 등에서 보듯이 도전은 평범한 일상생활에서 이루어질 수도 있습니다. 자신의 취미생활을 통해, 여행을 통해 그리고 심지어는 밥 한 끼 준비하는 과정을 통해서도 경험해 보지 못한 새로운 도전이 기다리고 있습니다.

　도전은 거창한 것이 아닙니다. 새로운 것을 체험하고 발견하는 과정이 바로 도전입니다. 우리는 성장이라는 미션을 갖고 태어났습니다. 자연적으로 이루어지는 신체적 성장 외에 정신적인 성장을 이루어야 합니다. 이를 위해서는 많은 미션들을 만들고 도전해야 합니다. 하지만 중요한 것은 그러한 과정이 의무적이어서는 안된다는 것입니다. 자칫 의무적으로 행하여지는 도전은 삶의 여유를 뺏고 신체적, 정신적으로 병들어 갈 수 있기 때문입니다. 따라서 도전은 즐거워야 하고 약간의 긴장감과 스릴도 있어야 합니다. 꿈이라는 도전을 요리하는 드림셰프Dream Chef들은 여러 종류의 꿈 미션이라는 요리를 만들어가면서 폭넓은 삶을 살아가게 됩니다.

　도전은 새로운 세상으로 나아가는 관문입니다. 도전을 통해 새로운 세상이 열리면서 수많은 스토리를 만들어지게 되고, 유한한 삶을 더 풍요롭게 살아가고자 하는 의지가 생깁니다. 도전하는 드림셰프가 만드는 세상은 단조로운 삶이 아니라 다채로운 색깔로 구성된 콘텐츠가 있는 스토리가 있는 삶입니다. 이러한 스토리가 모여서 이 세상에 하나뿐이고 다른 이들에게도 본보기가 될 수 있는, 자신만의 꿈의 스토리를 만들게 될 것입니다.

성취지향과 안전지향

최근에 우리 사회를 보면 성과와 안정이라는 키워드에 매달려 있다는 것을 알 수 있습니다. 그런 분위기가 만연해 있기에 사람들의 성향도 그 환경에 맞게 변해갑니다. 성과와 안정을 추구하는 두 부류의 사람들이 있습니다. 하나는 타인에게 인정받고자 하고 도전과 모험을 즐기는 성취지향형의 사람들입니다. 다른 하나는 책임을 완수하고 안전을 유지하려고 하는 안정지향형의 사람들입니다. 우리 사회의 현실은 이처럼 두 부류의 사람들로 물들어 가고 있습니다.

사람들은 태어나고 자라면서 주변 환경에 영향을 받으면서 고유한 기질이 형성됩니다. 어려운 환경 속에서 고속성장을 해온 우리나라는 그동안 경제적으로 많은 발전을 해왔습니다. 반면 무언가를 도전하고 성취해 나가야 한다는 압박감에 시달리고 있고, 현재 누리고 있는 것을 유지하기 위해 안간힘을 쓰는 많은 사람이 있다는 것도 사실입니다. 경제가 발전하면서 배고픔에서 벗어났지만, 이전과는 또 다른 경쟁과 비교라는 스트레스에 노출된 것입니다.

최근에 높은 실업률과 함께 좌절하고 있는 청년들은 성취보다는 안정을 추구하는 경향이 있습니다. 일자리가 줄어들면서 도전하고자 하는 진취적인 기상은 줄어들고 대기업, 공공기관 등의 안정된 직장에 불확실한 미래에 대한 도피처를 만들려고 안간힘을 쓰고 있습니다. 직장에 들어가서 안정된 기반을 잡은 중장년들도 예외는 아닙니다. 자녀 교육에 적지 않은 투자를 하면서 정작 자신들의 노후는 불확실하고 나이가 들어 빈곤층으로 전락하는 사람들도 있습니다. 그렇기에 중장년들은 은퇴 후에 지금의 안정된 현실에서 더 떨어지지 않기 위해서는 반퇴(半退)를 생각합니다. 즉, 퇴직하고도 수십 년 구직을 해야 한다는 것이 사회적인 현상으로 자리 잡았습니다.

삶의 질을 높이기 위해서는 성과와 안정도 좋지만, 자유와 창조적인 생활이 필요합니다. 무언가에 속박되지 않고, 상대방과 비교하지 않는 자유로움으로부터 행복을 느끼는 임계치가 낮아지게 됩니다. 임계치가 낮아지면 주변 사물로부터 요구하는 기대치가 줄어들기 때문에 작은 것에도 감동하고 기쁨을 얻게 됩니다. 작은 것에 감동하고 감사하게 되면 다른 사람에게도 좋은 것을 나누고자 합니다. 결국 서로 나누고자 하는 마음으로 창조적인 일들이 만들어지는 것입니다.

성과와 안정의 추구에 문제가 있다는 얘기를 하고 싶은 것이 아닙니다. 단지 지나치게 추종하면 부작용이 올 수 있다는 것입니다. 성취하고자 하고 안정을 추구하는 두 성향을 사람들은 저마다 갖고 있지만, 저마다의 기질에 따라서 한쪽 성향으로 기울어져 있기도 합니다.

성과와 안정에 지나치게 집중하다 보면 경쟁과 남들과의 비교로 인한 상실과 패배의식으로 심리적 우울감과 불안에 빠져들 수 있습니다. 따라서 모든 욕구는 지나치게 되면 갈등과 부작용으로 심리적으로 불행을 낳습니다.

심리학자 토리 히긴스Tory Higgins 미국 컬럼비아대 교수는 조절초점이론Regulatory Focus Theory에서 성취지향형과 안정지향형 인간에 대해 다음과 같이 말합니다.

"세상에는 이기기 위해 게임을 하는 성취지향형 인간이 있지만, 지지 않기 위해 게임을 하는 안정지향형 인간이 있다. 전자는 도전을 통해 성취하기 위해, 후자는 보상보다 실패의 위험을 피하고자 노력을 기울인다."

조절초점 이론에서는 성장과 이상에 집중하는 성취지향형은 이상적 자아에 도달하지 못하면 우울해진다고 합니다. 한편 현상유지 안정을 중요시하는 안정지향형은 안정적인 기준에 걸맞은 자아에 이르지 못한 자신의 상태에서 불안을 느끼게 된다고 말합니다.

"현재를 제로(0)의 상태, 즉 중립으로 볼 때 플러스(+) 1의 상황을 희망하는 성취지향형 사람에게 제로(0)는 불만족스럽다. 이들은 세상을 낙관적으로 바라보고 더 나은 자신을 꿈꾼다. 하지만 지금의 상태를 유지하는 게 목표인 안정지향의 사람들에겐 제로(0)가 가장 이상적인 상태다. 이들은 마이너스(-) 1을 피하고자 노력하는 방어적 비관론자다. 이들은 잘못될지도 모른다는 위기감이 닥칠 때 최대치의 능력이 나온다."

토리 히긴스 교수는 도전과 노력에 의한 보상이라는 메시지를 들은 아이는 성취지향형으로 자라게 된다고 합니다. 반면 세상은 무서운 곳으로 무시당하지 않으려면 공부를 열심히 해야 한다는 메시지를 들으며 자란 아이는 안정지향형으로 자라는 것처럼 사회 분위기와 양육 환경이 기질에 변수로 작용하는 것을 알 수 있습니다.

초고속 성장 시대를 이루어왔던 기성세대는 도전과 패기로 일선에 뛰어들어 많은 성과를 만들어 내었습니다. 또한 안정을 추구하는 사회적 분위기에 익숙한 그들은 가족과 공동체를 위해 불확실한 미래를 대비하면서 여유라는 것에 익숙지 않은 세대입니다. 이런 기질은 가정환경의 영향으로 자식에게도 대물림될 수 있습니다. 우리나라는 사회와 가족 모두 성과와 안정이라는 환경적 요인에 휩싸여 있다는 것을 알 수 있습니다. 그렇기에 여유라는 것에 익숙하지 않습니다. 여유를 느끼려면 남들을 의식하지 않아야 하는데, 우리나라 사람들은 남을 의식하는 경향이 많기 때문입니다. 서양 선진국 사람들은 개인의 행복 추구와 여유라는 것에 익숙합니다. 남을 의식하지 않고 공동체보다는 개인을 우선시하는 그들의 문화와도 관련이 있을 것입니다. 너무 개인적인 것을 챙기는 것도 문제가 되겠지만 적절하게 행복하기 위해 스스로 여유를 챙기는 삶을 살아가야 합니다.

무언가 바쁘기만 한 일상에서 행복한 삶을 위해서 무엇을 놓치고 있는지를 다시금 곰곰이 생각해 보아야 할 때입니다.

Chapter 5

관계적 향유

Enjoy

the little

Things

It's

the little things

that make

life big

대인관계와 행복

사람들은 태어나는 순간부터 많은 관계를 맺고 살아갑니다. 이러한 대인관계는 행복에 큰 영향을 주게 됩니다.

대인관계를 통해 희로애락의 감정이 표출되고 행복과 불행을 경험하는 것이 인생입니다. 만족스러운 관계를 만들어야 행복에 다가갈 수 있는데 쉽지 않은 것이 바로 대인관계입니다. 사람들은 관계가 형성되면 상대방에 대해 기대를 하므로 욕심이 들어갈 수밖에 없습니다. 대인관계 중에서 가장 욕심이 많이 들어갈 수 있는 것이 바로 결혼입니다. 결혼하기 위해서는 외모, 학력, 재산, 성격, 집안배경 등 많은 조건을 따져보는 것이 현실입니다. 조건을 전제로 하는 결혼은 욕심이라는 덫에 빠지는 것과 같습니다.

욕심은 인간의 어쩔 수 없는 본능이기도 하지만, 바로 욕심으로 인해 삶의 불행을 자초한다는 것을 깨달을 필요가 있습니다. 무언가를 기대하지 않고 무엇이든 이해할 수 있는 마음이 아니면 상대방에게 무언가 기대하는 결혼은 결국 불행할 수밖에 없습니다.

상대방에 대해 기대하는 마음은 어디서 오는 것일까요? 선천적으로 타고난 기질도 있겠지만 어릴 적 부모 특히 엄마에게서 받은 애착 관계가 대인관계에 영향을 준다는 연구결과가 있습니다. 자주 화를 내는 부모로부터 힘들었던 기억을 가진 사람들은 다정다감한 배우자를 찾게 됩니다. 다정다감한 배우자를 찾는 것은 좋은데 이러한 사람들은 우유부단하고 모든 사람에게 친절한 경향이 있습니다. 이러한 배우자를 만나면 결단력이 없고 자신만 사랑해 주지 않는다고 힘들어할지도 모릅니다.

우유부단한 부모에게 자랐던 사람들은 맺고 끊음이 명확한 결단력 있는 배우자를 원할 것입니다. 결단력이 있고 소신 있는 배우자를 만난다면 어떨까요? 리더십이 있고 사회생활을 잘하는 사람으로 생각할 수 있을 것입니다. 하지만 배우자로서는 독단적이고 고집이 센 사람으로서 대화가 안 된다고 힘들어할 수도 있습니다. 이처럼 모든 사람의 가진 성격은 어떻게 바라보느냐에 따라 장단점으로 나뉠 수 있습니다. 성격이 좋고 나쁘다기보다는 양면성이 있어 바라보는 관점에 따라 다를 수 있음을 인지해야 합니다.

어린 시절부터 사랑의 결핍을 경험한 사람들은 다른 사람을 쉽게 믿지 못하고 의심하면서 자신은 물론이고 상대방을 힘들게 할 수 있습니다. 그렇기에 올바른 관계의 시작은 부모와 자식 간의 애착 관계로부터 비롯됨을 알 수 있습니다. 조금 더 올라간다면 결혼 전 남자와 여자가 만나는 순간부터 시작될 수도 있습니다. 조건을 전제로 한 만남이라면 자신들은 물론이고 앞으로 태어날 자식까지 대물림되는 씨앗을 심는 것과 같습니다. 욕심을 내려놓을 수 있는 준비가 되어있지 않으면 두 사람은 잠깐의 행복을 느낄 수 있겠지만, 들뜬 감정이 지나가면 부족한 서로의 현실을 대면하게 됩니다. 그리고 서로를 자신에게 맞추게 하려고 강요하게 되고 갈등은 깊어져만 갑니다. 물론 억지로 상대방에게 맞출 수도 있겠지만, 맞추는 것은 사랑이 아니라 희생입니다. 자신을 희생하기 위해 결혼을 한 것은 아닐 것입니다. 희생은 자신도 고통스럽고 상대방도 얽매이게 하면서 자유스럽지 못하게 합니다. 그리고 어린 자식에게도 본의 아니게 상처와 왜곡된 시각을 심어주는 오류를 범하게 됩니다. 이는 자식에게까지 불행의 씨앗을 넘겨주는 격이 됩니다. 결국 자식이 성장하면서 정신적 성숙이 이루어지지 않은 채로 배우자를 만나면 또 다른 불행의 씨앗을 후대에 넘겨주는 악순환이 반복될 것입니다.

부모 형제도 제각기 성격이 다르기에 갈등이 있듯이 서로 다른 환경에서 만난 사람들이 자신에게 맞을 것이라는 환상을 깨야 합니다. 다름을 인정하고 간섭하지 않으며, 이해하고 포용해 주는 것이 바로 사랑입니다. 자신이 해준 만큼 왜 사랑을 주지 않느냐고 푸념하는 것은 주면 받아야 한다는 상업적인 계산이 속내에 깔려 있는 것입니다.

그 결과로 결혼 후에 많은 사람이 상대방이 기대에 못 미치는 것에 실망하며 힘들어합니다.

　사람들은 부부로서의 관계, 부모와 자식 간의 관계, 친구 관계, 그 밖의 많은 이해관계로 엮여 살아가고 있습니다. 대인관계 속에서 울고 웃게 되지만 이번 삶이 끝나면 다시 볼 수 없는 사람들입니다. 자신의 성장을 위해 어떤 이는 격려하고 지지해 주며, 어떤 이는 불편함을 주며 부족한 자신을 뒤돌아 보게 합니다. '인생은 연극이다'라고 셰익스피어가 말했습니다. 인생 각본에 따라 살아가면서 어떤 사람들은 비운의 주인공이 되기도 하고, 고집스러운 주인공이 되기도 하면서 비극을 맞기도 합니다. 반면 인생의 시련을 통해 점차 정신적으로 성장해 나가는 주인공도 있습니다. 전자는 변화를 추구하지 않는 자신의 타고난 기질에 따라 살아가는 사람들입니다. 하지만 후자는 선천적으로 부족한 면을 다듬어 가면서 모가 나지 않게 둥근 마음으로 다름을 인정하고 이해해 나가려고 부단한 노력을 하는 사람들입니다. 조연의 역할은 주인공이 성장하는 데 대단히 중요한 역할을 합니다. 도움을 주는 조연이든, 괴롭히고 힘든 역경을 주는 악역 역할을 하는 조연이든 모두 필요한 사람들입니다.

　그렇기에 관계를 맺고 사는 것에 두려워하지 말아야 합니다. 혼자 살아간다면 우물 안 개구리에 불과합니다. 세상과 소통하기 위해서는 대인관계가 필요하고 태어나서 관계를 맺는 사람들을 통해 지식이 넓어지고 지혜가 만들어집니다. 대인관계를 맺는 것은 정신적 성장을 위해 필요한 요소입니다. 행복은 마음에서 비롯되기 때문에 정신적으로 타인을 인정하고 이해하는 그릇이 커지면 행복의 그릇에 담을 수 있는 일들은 점점 많아질 것입니다.

마크트웨인은 "인생은 짧기에 다투고, 사과하고, 가슴앓이하고 해명을 요구할 시간이 없다. 오직 사랑할 시간만 있을 뿐이며 그것은 말하자면 한순간이다"라고 말했습니다. 모든 관계는 결국 자신을 성장시키기 위한 좋은 관계이며, 좋은 관계라는 것을 이해하는 순간 진정으로 사랑할 수 있게 됩니다.

가족의 가치와 행복

행복한 삶을 살아가고자 하는 사람들에게 가족은 기쁨과 즐거움을 공유하고 싶은 대상입니다. 서로 기쁨과 즐거움을 나누어야 할 대상이지만 상대방에 관해 지나친 집착과 간섭 그리고 무관심으로 아픔을 주기도 합니다.

가족은 가치와 목표가 같은 곳을 바라볼 때 행복할 수 있습니다. 가족마다 저마다의 삶의 가치와 목표를 공유하며 가족 구성원 모두 성장해 나가도록 서로 지지할 수 있다면 집착과 간섭 그리고 무관심으로 인한 자존감이 떨어지는 것을 줄여나갈 수 있을 것입니다. 남녀가 결혼하여 하나가 되어 가정을 이루는 것은 신성한 일입니다. 가족이 된다는 것은 서로 간의 신뢰를 바탕으로 서로 같은 곳을 바라며 삶의 귀중한 의미 있는 가치를 함께 만들어 나가는 것을 의미합니다. 현실은 상대방에 대한 외모, 능력, 배경 등의 물질적인 가치를 중요시하고 조건을 통해 결혼하는 사례가 많기에 정신적인 삶의 가치를 논한다는 것이 고리타분하게 느낄 수도 있을 것입니다.

하지만 조건을 전제로 한 결혼은 애초에 신뢰와 사랑이라는 것은 존재하지 않습니다. 신뢰는 정직함이 깔렸어야 하는데 조건을 따지는 상황에서 누가 배우자가 될 대상에게 당신의 외모가 출중해서, 능력이 대단해서, 배경이 좋아서라 결혼한다고 진심을 드러낼 수 있을까요? 그렇기에 신뢰가 없는 결혼 생활은 진정한 사랑이 있다고 볼 수 없습니다. 아무리 예쁘고 아름다운 꽃들도 계속 바라보게 되면 질리게 마련이고 시간이 흐르면 볼품없이 시들어 가는 것을 알 수 있습니다. 그리고 돈과 능력을 갖추고 있는 사람은 관심사인 돈과 자신이 갖춘 능력에 온갖 에너지를 쏟아붓는 경우가 많아서 배우자에게 에너지를 쏟을 시간이 상대적으로 부족할 것입니다. 결국 목표를 이룬다고 해도 시간이 지나면 다시 공허한 마음이 찾아오게 됩니다.

행복이 싹트기 위해서는 가족이 올바르게 서야 합니다. 올바른 가족은 행복하기 위해 어떤 가치가 진정으로 소중한 것인지를 고민하고 같은 곳을 바라보기 위한 교감의 시간을 갖습니다. 그렇다면 행복하기 위한 진정한 가치는 어떤 것일까요? 가치 있는 삶이란 조건 없이 나와 배우자를 위해 그리고 이웃에게 피해를 주지 않으면서 오히려 도움을 줄 수 있는 삶입니다. 가족이 불행하다면 부와 명예는 다 부질없게 느껴지는 가치입니다. 결국 가족의 불행은 진실로 소중한 것이 무엇인지를 놓쳤을 때 발생합니다. 서로의 마음을 헤아려주지 못하고 자신이 좋다고 여기는 것을 강요하는 이기적 욕심에서 비롯되기 때문입니다.

다음은 어긋난 사랑 표현이 왜 서로에게 힘이 드는지를 알려주는 예화입니다.

먼 옛날 소와 호랑이가 살고 있었습니다. 둘은 첫눈에 반해 사랑에 빠져서 결혼해 살게 되었습니다. 둘은 서로에게 최선을 다하기 위해 자신이 좋아하는 것을 나누어 먹기로 하였습니다. 소가 자신이 좋아하는 맛있는 풀을 날마다 호랑이에게 대접했습니다. 호랑이는 싫었지만, 소를 위해 참고 먹었습니다. 호랑이도 자신이 좋아하는 맛있는 살코기를 날마다 소에게 대접했습니다. 소도 괴로웠지만 참고 먹었습니다. 하지만 싫어하는 음식을 먹는 것을 더는 참을 수가 없었던 그들은 최선을 다했다는 말만 남기고 결국 헤어지게 됩니다.

위의 이야기에서 물론 그들은 최선을 다했습니다. 하지만 그 최선이란 자기 처지에서의 최선이지 상대방의 상황과 마음을 배려한 최선은 아니었습니다. 그렇기에 아무리 노력했다고 할지라도 그 가치가 퇴색되게 됩니다.

통나무 위에 두 사람이 올바르게 균형을 잡으려고 해도 손을 잡은 상대방이 기울어져 있으면 결국 둘 다 넘어지고 맙니다. 인생은 균형을 얼마나 잘 잡느냐에 행복의 실마리가 있습니다. 사람들은 존중을 받을 때 자존감이 높아지고 자존감이 커질수록 웅크렸던 자세를 바른 자세로 균형을 잡기가 더 쉬워집니다. 자존감이 떨어지는 웅크린 자세와 마찬가지로 턱과 배를 내미는 오만한 자세도 균형감이 깨지기 쉬운 자세입니다. 인생은 옳고 그른 것이 상대적이기 때문에 자신의 주장이 논리적으로 맞는다고 생각하는 것도 결국은 오만한 자신감에서 나올 수도 있다는 것을 생각해 보아야 합니다.

부부가 서로 맞추어 가기까지 시간이 걸린다고 해도 자신의 생각이 틀릴 수도 있다는 것을 염두에 둔다면 상대방에 대한 존중이 마음속에 스며듭니다. 존중하는 마음이 생긴다면 서로 다른 오해로 깨져 있던 마음이 치유되기 시작합니다. 사람들은 저마다 장단점을 가지고 있다는 것을 인정해야 합니다. 누군가의 장점이 다른 누군가에겐 단점으로 작용할 수 있습니다. 또한 누군가에게 단점이 다른 누군가에게 장점이 될 수 있는 것입니다. 기호가 다른 것일 뿐 문제가 있다고 섣부르게 판단해서는 안 됩니다. 같은 가정에서 자라난 형제자매도 제각기 기호가 다른데 하물며 다른 환경에서 성장한 남녀가 만나서 같은 성격, 기호 및 가치관을 가진 사람이 만날 확률은 낮을 수밖에 없습니다. 그렇기에 결혼을 한다는 것은 서로 다른 것을 인정하고 존중한다는 것을 약속하고 실천하겠다는 마음의 서약이 필요합니다.

청각과 시각장애를 갖고서도 많은 이에게 희망과 가능성을 보여준 헬렌 켈러는 진정으로 소중한 것은 보이지 않는 사랑이라고 말했습니다.

"세상에서 가장 아름답고 소중한 것은 보이거나 만져지지 않습니다. 단지 가슴으로만 느낄 수 있습니다."

사랑은 눈으로 보이는 것에 현혹되어 집착하는 것이 아니라 가슴으로 느끼고 전달되는 것입니다. 헬렌 켈러는 사람들이 타인과 주변 환경에 대하여 장점보다는 단점을 찾아내려고 하는 습성으로 인하여 불행을 끌어들인다고 생각하여, 삶에서 이미 드러난 아름다운 소소한 행복을 찾기를 원했습니다.

"행복의 한쪽 문이 닫히면 다른 쪽 문이 열리게 됩니다. 그러나 흔히 우리는 닫힌 문만을 바라보기 때문에 우리를 위해 열린 문을 보지 못합니다."

그녀는 어린 시절 시각 및 청각 장애라는 닫힌 문만을 바라보면서 좌절하던 시절에서 벗어나 장애를 넘어서서 많은 사람에게 영감과 희망을 주었습니다. 사람들은 주변에 많이 열려있는 희망의 문들에 시선을 주지 않고 닫힌 문만을 바라보며 불평하고 좌절하게 됩니다. 닫힌 문만을 찾아서 바라보게 되면 소통의 공간이 점점 줄어들게 됩니다. 공기의 소중함을 모르는 것처럼 열려있는 문들은 저마다의 행복의 가치를 가지고 손을 내밀고 있다는 것을 잊고 지내고 있는 것입니다. 가족 구성원들이 가지고 있는 여러 문을 다시 점검해 볼 필요가 있습니다. 서로에게 연결된 열린 문을 찾아서 진심으로 소통하고 소소한 행복을 쌓아가다 보면 닫힌 문이 열릴 날도 머지않을 것입니다.

가족과 공감

가족은 힘들고 어려울 때 함께하고 위로해주는 울타리와 같습니다. 하지만 가족 구성원이 원하지 않는 것을 강요하게 되면 울타리가 아닌 족쇄를 채워 고통을 주게 됩니다. 신뢰가 없으면 가족이란 오히려 실망과 상처를 주고 굴레를 씌우는 감옥과도 같을 수도 있습니다. 소통이 결여되고 불신이 팽배한 가족이라면 뿌리를 내릴 수 없는 나무와 같습니다.

핵가족화되어가는 현실 속에서는 이전 대가족 제도에 비해 많은 문제점을 낳고 있습니다. 대가족은 농업을 근간으로 한 시대에나 맞는 지금 시대와는 맞지 않는 제도라고도 합니다. 그래도 삼 대가 모여 사는 것에는 나름 여러 장점이 있습니다. 자녀들은 어른들과 생활하면서 예절을 배우고, 많은 친인척이 찾아오면서 폭넓은 인간관계를 형성할 수 있습니다. 또한 최근 발생하는 노인 문제와 육아 문제도 해결할 수 있습니다.

물론 작은 공동체인 대가족 속에서 살아간다고 해도 배려가 없다면 권위적이고 가부장적인 부작용이 생길 수 있습니다. 그러나 세대별로 배려와 존중이 자리 잡는다면 상생의 관계를 만들어 서로 부족한 부분을 보완할 수 있는 것이 이상적인 대가족이라 할 수 있습니다. 혹자는 대가족 제도가 여성의 사회적 지위를 약화하고, 대가족 공동체의 일에 무관할 수 없기에 개인의 자유가 줄어들 수 있다고 말합니다.

하지만 현재 핵가족 속에서 개인의 자유가 늘어나서 행복하다고 볼 수 있을까요? 오히려 더 외롭고 가족의 의미가 퇴색해가고 있지는 않은 지 고민해 볼 필요가 있습니다.

자식은 성년이 되면 분가해서 독립해서 살아가는 것이 자연의 이치와 맞습니다. 독립해서 살아간다는 것은 부모에 경제적인 의존하지 않는다는 것을 의미하고, 같이 살지 않는다는 것을 의미하지는 않습니다. 혼자 사는 것을 원하는 사람들도 있지만 아마도 그들은 사람들로부터 상처를 받고 싶지 않기 때문일 것입니다. 대다수 사람은 서로 어울려 살기를 원합니다. 인간은 사회적 동물이기 때문입니다. 사회적인 관계 속에서 타고난 자신의 부족하고 치우친 면을 알아차리고 중용의 도를 실천해 나가야 하는 것이 인간의 숙명입니다.

능력을 쌓고, 재산을 축적하며, 명예를 쌓는다고 해도 결국 저세상으로 가게 될 때 남는 것은 얼마나 자신을 알고 남을 이해하고 배려하며 삶의 균형을 이루며 살아왔는지를 나타내는 정신적 성장입니다. 이처럼 가족은 정신적 성장을 이루는 데 많은 도움을 줄 수 있는 작은 공동체이기에 중요하다는 것입니다.

살아가는 지혜는 노년기로 갈수록 깊어질 수밖에 없습니다. 온갖 지식을 갖추었다고 자만하는 사람들이 가정을 잘 이끌어 간다고 볼 수 없습니다. 정신적인 성숙은 힘든 시행착오의 과정을 거치면서 만들어지기 때문입니다. 그렇기에 삼대의 교류가 이루어져야 부족한 부분을 서로 채워나가면서 만족을 느낄 수 있습니다.

노인의 권위, 가장의 권위가 떨어진 뿌리가 없는 현재의 가족은 언제든지 넘어질 수 있다는 것은 요즘 이혼율 증가, 자살률 증가라는 데이터가 그 사실을 방증합니다. 지금 시대는 더 세밀하게 쪼개어 분리하는 지극히 개인화된 시대로 치닫고 있습니다. 그러한 시대적 조류에서 사는 지금 정말 자유로울까요? 홀가분한 기분을 느끼는 자유를 진정 느끼고 있는지 아니면 누구에게도 마음을 둘 곳 없이 외로움을 느끼고 있는지 생각해 보아야 합니다.

필자는 이십 대에 대학교 진학을 위해 서울로 상경한 이후 부모님과 떨어져 생활하는 독립이 시작되었습니다. 부모님에게서 벗어난 자유로움을 만끽하는 것도 잠시, 타향에서의 지독한 외로움과 홀로 불확실한 미래를 준비해야 하는 부담감과 불안감이 엄습하곤 했습니다.

이십 대에는 공부와 취업 그리고 교우관계, 연애 등 여러 일을 겪으면서 때로는 좌절하기도 하고 때로는 열정을 가지고 힘든 장애물을 넘으면서 보람을 얻기도 했습니다. 그리고 직장에서 반려자를 만나 결혼을 하게 되면서 가족의 행복을 느껴보기도 했지만, 그것도 오래가진 않았습니다. 아이가 태어나면서 겪는 소외된듯한 외로움과 나를 이해해 줄 것이라 믿어왔던 아내와의 다툼은 마음에 상처가 되어 자리 잡게 되었습니다. 타향에서의 외로움을 아내를 통해 해소하고자 했고, 아내 또한 남편에게 많은 기대를 품고 있는 상황에서 상대방을 배려할 여유가 없었던 것입니다. 상처가 덧나고 아물어가는 과정을 통해 상대방에게 조건 없이 줄 수 있어야 사랑이라는 것을, 주고 무언가를 바라고 기대하는 것이 사랑이 아님을 깨닫게 되었습니다.

준비되지 않은 초보 아빠로서 아이의 육아에 대해서는 서툴기만 해서 아이들에게 사랑을 담뿍 나누어주지 못한 것이 후회됩니다. IMF 이후 경직된 회사 분위기에서 직장 초년생으로 익숙지 않은 일들에 대한 부담감과 긴장이 흐르는 조직생활에서 몸의 피로는 쌓여만 갔습니다. 일을 마치고 집에 들어오면 파김치가 된 상태에서 아내와 아기를 바라보며 미래에 대한 고민과 헤쳐나갈 계획만이 머릿속에서 떠돌고 있었습니다. 지금 여기(here and now)를 소중히 하며 가족과의 소박한 즐거움을 느끼고 마음속 깊이 간직하지 못한 삼십 대 초반의 시기였습니다.

지나보면 후회가 되는 시기였지만 그 당시 필자는 나름대로 최선을 다하면서 삶을 살아가고 있다고 생각하였나 봅니다. 무엇보다도 사랑하는 아내와 자식에 대하여 더 주의 깊게 그들을 바라보고 그들의 이야기를 들어주며 마음을 헤아려주지 못한 것이 사십을 지난 이 시점에서 가장 아쉬운 대목입니다. 엎질러진 물을 다시 담기에는 이미 늦었고 그러한 경험을 통해 이미 많은 것이 변했기 때문입니다. 필자도 변하고 아내도 변하고 아이들도 그 영향 속에서 변해갔습니다.

영유아 시절은 아이의 두뇌발달 및 긍정적으로 삶에 임하는 데 있어서 필요한 자존감을 키워나가는 데 있어서 대단히 중요한 시기입니다. 부모가 더욱 아이를 사랑으로 바라보아 주고 조금씩 작은 성취감을 느낄 수 있게 동기부여 해주어야 할 그 시기에 아이들의 엄마는 때때로 육아에 대한 고단함을 토로하곤 했습니다. 아이들에게 많은 것을 보여주고 그들의 성장하는데 양분을 제공하려고 노력했던 아내도 본인의 사랑만으로는 한계를 보였고 조금은 무심하게 보이는 남편에 대해서 속상함을 느꼈을 것입니다.

부족한 사랑은 아이들에게 부작용을 초래합니다. 결국 사춘기 이후의 나이가 되면 부작용이 어떤 것인지 드러나게 됩니다. 부모가 된다는 것은 정말 쉽지 않다는 것을 아이들을 키우면서 뼈저리게 느끼곤 합니다. 부모의 사랑이 너무 넘쳐서도 안 되고 부족해서도 안 됩니다. 사랑이 넘치면 의존적인 성향으로 빠질 수 있고 사랑이 부족하면 다양한 방법으로 관심을 받기 위해 상대방의 비위를 맞추면서 자신이 진정으로 원하는 것을 포기하곤 합니다.

특히 요즘 부모 중에 아이들 기를 살려준다고 하고 싶은 대로 내버려 두는 부모가 있는데 이것은 방치이지 사랑이 아닙니다. 오히려 이런 아이들은 주변 사람들과 동화되지 못하고 자기 주관이 강해 상대방에게 피해를 주기도 합니다. 사랑은 아이들이 하는 것을 방치하고 내버려 두는 것이 아닙니다. 아이들이 하는 대로 내버려둔다면 그들은 다른 사람과 교감하는 공감능력이 떨어져 오히려 소외된 삶을 살아가게 될 것입니다.

아이들에게 관심을 기울이면서 문제 되는 행동에 대해서는 본인이 깨달을 수 있도록 해야 합니다. 아이의 마음을 읽어주고 공감해주면서 감정에 대해서 스스로 느끼고 판단할 수 있도록 하고 문제를 스스로 해결하는 능력을 쌓아나갈 수 있게 도와주어야 합니다.

여기서 공감은 비단 아이들뿐만 아니라 부부 사이에도 똑같이 적용됩니다. 항상 아내와 대화를 하다 보면 삼십 대 시절에는 힘든 점을 상의해 올 때 무엇이든지 해결책을 마련해 줘야 한다고 생각해 아내가 생각하는 것에 대한 문제점 및 대안을 마련하려고 노력하곤 했습니다. 하지만 아내는 대화 후에도 별로 후련한 듯한 표정을 보이지 않고 오히려 불편한 감정을 보였고 필자는 무언가 다른 문제가 있다는 것을 삼십 대 중반 즈음에 『화성에서 온 남자, 금성에서 온 여자』란 책을 읽으면서 남자와 여자의 타고난 특성과 차이에 대해 이해를 하게 되었습니다.

대화를 통해 감정에 대한 공감을 원하는 여자와 해결책을 찾아주려고 하는 남자. 신은 결혼을 통해 두 다른 행성에서 온 남자와 여자를 함께 살아가게 하면서 많은 시행착오를 겪게 하면서 울고 웃게 했습니다. 인생은 자신을 알아가고 남들과 다른 점을 이해하면서 교감을 해나가는 삶입니다. 자신을 모른다면 어떻게 다른 사람을 알 수 있을까요?

대가족이든, 핵가족이든 가족을 이루었다면 부부는 그 중심에서 위와 아래 세대를 연결하고 공감대를 형성할 수 있도록 해야 합니다. 멀리서 다른 사람들에게 봉사하면서 덕을 쌓는 것도 좋지만 바로 가까이에 있는 나이 든 부모를 공경하고, 예전보다 친구나 친인척 관계가 부족해진 자녀의 외로움을 줄여주기 위해 가족적 경험을 폭넓게 하는 것이 덕을 쌓는 길이 됩니다.

사십 대를 지나가면서 주변에 소중한 사람들에 대한 감사함을 더욱 느끼게 됩니다. 자신은 변하지 않으면서 그들을 변화시키려고 했던 지난날의 부족했던 자신을 반성하면서 경청하고 공감하고 같이 웃고 울면서 진정한 가족의 의미를 되새기며 살아가고자 합니다.

감정을 극복하는 연습

　사람들의 기분은 외부와의 관계를 통해 만들어진 감정에서 시작됩니다. 주변 사물들과의 관계를 통해서 받은 감정은 삶의 경험을 통해서 뇌에 저장된 기억 또는 내면의 깊은 곳에 있는 무의식에서 비롯됩니다. 내면에서 올라오는 감정을 어떻게 받아들이느냐에 따라 기쁨, 노여움, 근심, 우울, 슬픔, 놀람, 두려움의 칠정(七情)의 감정으로 표출됩니다.

　외부에서 자극이 오면 정서를 담당하는 편도체가 가장 먼저 받아들이게 됩니다. 원시 뇌라고 불리는 편도체는 인간의 생존을 위해 위험한 상황을 피하게 만들어 주는 역할을 합니다. 이처럼 편도체는 생존에 필수적이지만 많은 위험에 직면해 있던 원시시대와는 다른 현대를 살아가는데 있어서는 부정적인 역할을 하는 뇌라는 인식이 강합니다. 하지만 편도체는 공포나 화를 유발하는 감정 외에도 즐거움과 같은 긍정적 감정과도 관련되어 있습니다. 그로 인한 편도체가 만들어낸 감정은 기억을 담당하는 해마에 저장되기 때문에 긍정적 경험을 쌓는 것은 행복을 위해 중요한 요인이 될 수 있습니다.

　오감을 통해 받아들이는 상황에 대해서 편도체가 만들어낸 감정이 긍정적인 기억으로 쌓이느냐 아니면 부정적인 기억으로 쌓이느냐에 따라서 성격 또한 달라질 수 있기 때문입니다.

　행복한 삶을 살아가기 위해서는 긍정적인 감정을 느끼는 소소한 경험들을 쌓아나가야 합니다. 이러한 경험들을 통해 뇌가 이전에 쌓여온 감정 중에서 부정적 경험보다는 긍정적인 경험을 우선 선택하면서 행복을 느끼게 합니다. 긍정적인 뇌가 되면 부정적인 감정이 올라오더라도 왜 이런 감정이 드는지 원인을 추적하게 됩니다. 그리고 될 수 있는 대로 긍정적인 면을 찾고 이해하려고 합니다. 감정이 일어난 원인을 긍정적으로 바라볼 때, 타인을 이해하는 폭이 넓어지고 정신적인 성장은 더 가속화될 수 있습니다. 따라서 부정적인 감정은 억지로 없애는 것이 아니라, 왜 그러한 일이 일어났는지를 이해하는 것이 중요합니다.

　감정을 없애게 되면 이성적으로 판단을 더 정확하게 할 수 있다고 생각할 수 있지만, 감정이 없는 판단은 언제든지 문제를 유발할 수 있습니다. 뇌과학자들은 감정을 담당하는 편도체를 없앤 쥐의 반응을 실험하였습니다. 편도체가 제거된 쥐는 고양이 앞에서도 공포감을 느끼지 않았고, 오히려 고양이의 귀를 물어뜯는 사례가 있었습니다. 또한 편도체가 제거된 원숭이 실험에서도 옆에 뱀이 있어도 전혀 위험을 느끼지 못하고 다가간 사례에서 보듯이 감정이 배제된 이성은 생존을 보장하기 힘들어질 수 있습니다. 다른 한편으로는 감정이 없는 이성은 심각한 사회 문제를 유발할 수 있습니다. 감정을 주관하는 뇌가 손상을 입은 사이코패스가 얼마나 다른 사람들에게 큰 피해를 주는지 뉴스를 통해 흔히 접할 수 있습니다. 사이코패스는 선천적인 호르몬 문제일 수도 있지만, 애정결핍과 학대로 인한 후천적 문제로 인해 발생할 수 있다는 연구결과가 있습니다.

따라서 긍정적 감정은 어릴 적부터 부모의 노력으로 생성되어야 합니다. 만약 어릴 적에 부정적 감정에 노출되어 있다면 다른 이의 감정을 잘 모르는 사람으로 자라날 가능성이 크기 때문입니다. 감성이 없다면 학습능력을 다루는 이성이 아무리 발달해도 올바른 인간이 될 수는 없습니다. 특히 이런 사람들이 교사가 된다면 학생들을 올바로 지도할 수 없고, 법을 집행하는 판사, 검사가 된다면 올바른 판결을 내릴 수 없고 선량한 사람을 죄인으로 몰 오류를 범하게 됩니다.

최근 인공지능은 머지않아 사람의 뇌 기능에 버금갈 정도로 발전할 것으로 전문가들은 예측합니다. 하지만 인공지능이 인간을 위협할 수도 있다는 우려를 표하는 사람들도 있습니다. 얼마 전 알파고 인공지능은 기계가 인간을 대체할 수 있는 미래가 다가오고 있음을 절실히 느끼게 하였습니다. 인공지능을 통해 인간들이 불안해하는 것은 기계가 인간을 대체한다는 것뿐만이 아닙니다. 고도로 발달한, 이성적이고 합리적인 판단을 하는 기계도 감정이 들어있지 않으면 세상에 심각한 문제를 일으킬 수도 있다는 것을 우려하기 때문일 것입니다.

감정은 몸을 통해 표출되는데 자연스러운 감정의 에너지가 표출되지 않으면 몸 안에 정체되고 병증을 유발하게 됩니다. 여기서 중요한 것은 감정의 표출은 이성과의 조화를 이루어야 한다는 것이다. 즉 감정을 유발하는 편도체와 이성적 영역의 전두엽이 조화를 이루어 어떤 감정인지를 알게 되어야 비로소 적절한 판단과 행동을 할 수 있습니다. 적절한 판단과 행동은 감정이 일어나는 순간 자신을 관찰하는 습관에서 비롯됩니다. 평소에 자신의 감정을 관찰하고 해석하는 연습은 삶을 긍정적이고 풍요롭게 합니다. 유발된 감정이 부정적인 감정으로 표출되기 전에 이해하고 긍정하는 연습이 행복을 느끼게 합니다. 물론 긍정하는 연습은 마음수련이라고 볼 수 있습니다. 마음수련이 선행되어야 행복한 감정을 느끼게 하는 호르몬인 세로토닌이 분비됩니다. 행복을 원한다면 행복한 뇌의 조건이 만들어져야 합니다. 행복한 뇌의 조건은 일상에서 받아들이는 부정적인 감정의 작용에도 자신에게 긍정적인 주문을 걸 때 만들어집니다. 어떤 상황에서도 '할 수 있어', '잘될 거야', '괜찮아', '잘했어' 라고 긍정적으로 받아넘길 수 있어야 합니다.

우리가 순간마다 즐거움, 기쁨 그리고 평온함을 느끼게 하는 감정을 유지하는 것이 행복으로 가는 길이라는 것을 모르는 사람은 없을 것입니다. 하지만 긍정적 감정을 느끼기도 쉽지 않고, 긍정적 감정을 유지하는 것 또한 쉬운 일이 아닙니다. 따라서 마음의 평온함을 위해 부정적 감정을 어떻게 받아들여야 하는지를 고민할 필요가 있습니다.

그렇게 하는 방법의 하나가 내면의 감정의 흐름을 들여다보는 것입니다. 행복은 멀리 있지 않고 바로 마음 안에서 작용하는 감정의 작용이기에 외부와 교류하는 과정에서 발생하는 감정을 관찰하고 느껴보아야 합니다. 그리고 설령 부정적인 감정이 안에서 올라온다면 감정을 극복할 기회라고 게임처럼 생각할 필요가 있습니다. 부정적 감정이 일어나면 심호흡을 하며 감정을 관찰해보아야 합니다. '내가 화가 나 있구나', '불쾌하고 언짢구나' 하는 감정을 자연스럽게 객관적으로 들여다보고 느낌을 이해해야 합니다. 갈등은 서로 다르다는 것을 이해하지 못하기 때문에 일어납니다. 자신과 다른 사고를 하는 사람들과의 생각의 차이가 있다고 생각하면 됩니다. 지극히 평범한 인간으로서 정상적인 일이기 때문입니다. 다만 일어나는 부정적 감정을 관찰하고, 이해하면서 나중에 반복적인 일이 일어날 때 조금은 더 익숙하게 받아들이고 대처해 나가면 됩니다. 그렇게 되면 다름을 수용하는 그릇이 점점 커지고 마음의 평온함을 유지할 기회가 늘어날 것입니다.

긍정적인 면을 바라보는 것이 숙달되기 위해서는 부정적인 것을 먼저 찾는 잘못된 습관을 바꾸어야 합니다. 습관을 바꾸기 위해서는 뇌에 새로운 정보를 주어야 합니다. 꾸준하게 뇌에 주는 새로운 정보는 한 면만을 바라보던 사고에서 다른 면이 있음을 깨닫는 것을 의미합니다. 소소한 일상에서 찾는 다른 사물과 사람을 이해하는 것과 감사의 마음 등, 자신만의 틀에 갇혀있다가 주변으로부터 점점 이해의 폭을 넓혀가는 과정이 삶의 이유를 찾아가는 바로 깨달음의 과정입니다.

아빠와 아이들

　큰 애가 세상에 태어났을 때 신생아가 정말 생각보다 작구나, 하는 것을 처음 알았습니다. 집으로 데리고 와서 목욕을 시킬 때 부서질 듯한 가녀린 몸을 대야에 물을 받아 씻길 때, 물에 빠지지 않으려고 대야 가장자리를 꼭 잡은 모습이 눈에 선합니다. 돌이 지난 후인지 생각은 잘 안 나지만 투정을 부릴 때 누운 채 아기 베개를 머리로 밀며 온 방을 돌아다니던 생각을 하면 지금도 웃음이 나옵니다. 사랑을 독차지하던 아들도 얼마 안 있어 딸 애가 태어나자마자 동생에게 사랑을 빼앗겨서 그런지 심통을 부리곤 했습니다. 무던한 아들은 태어날 때부터 예민했던 둘째 딸과는 성격이 반대여서 자주 부딪히곤 했습니다. 아빠로서 아이들에게 화가 날 때도 있었지만 뒤돌아보면 많은 기쁨과 사랑을 주었음을 느끼게 됩니다. 아빠가 놀아주기를 바라고, 아빠가 문밖을 나설 때면 서러워 울고, 돌아올 때면 서로 안기려고 달려들던 아이들과의 시간이 행복이라는 것을 뒤늦게 깨닫게 되는 것은 왜일까요? 항상 현재 이 순간이 소중하다는 것을 머리로만 이해하고 마음

깊이 깨닫지 못한 이유일 것입니다. 그래서 시간이 흘러서야 뒤늦게 후회하는 전철을 지금도 경험하고 있습니다. 아무리 좋은 지식도 경험하지 않으면 마음에 전달되지 못하나 봅니다.

어느새 훌쩍 커버린 아이들은 신체적으로 훌쩍 커버렸고 외모와 행동도 어린애의 모습을 찾아보기 힘듭니다. 그리고 각자 사춘기에 접어들면서 저마다 생긴 걱정과 고민거리를 가지고 힘들어하는 모습이 보입니다. 무엇인가 도와줄 것이 없나 대화를 건네보지만 간단명료한 대답만 공허하게 들려옵니다.

"요즈음 잘 지내니? 학교생활은 어때?"

"네, 잘 모르겠어요."

"아빠가 도와줄 것은 없니?"

"없어요."

짧은 대답에 화제를 이어가기가 쉽지 않습니다. 돌이켜보면 걱정 없이 천진난만하게 뛰어놀던 때가 엊그제 같은데 현재는 아빠와 자식 간의 대화가 쉽지 않습니다. 가끔 딸 아이는 학교에서 어려운 과제를 가지고 올 때 아빠의 도움이 필요하고 대화를 나누지만, 그 이후에는 다시 언제 그랬냐는 듯이 원상태로 돌아가고, 감정은 천당과 지옥을 오락가락하며 아빠를 혼란스럽게 합니다.

식물이 잘 자라려면 물과 거름을 잘 주어야 하는데, 아이들을 키우면서 적절하게 물과 거름을 잘 주었는지, 부족하지는 않았는지, 넘치지는 않았는지 뒤돌아봅니다. 퇴근 후에 문을 열고 들어갈 때 '아빠'하고 외치며 뛰어 나오던 아이들의 모습이 그리워집니다. 서로 안기려고 뛰어들던 그 순간이 행복이었음을 깨달으며 쓸쓸히 소파에 앉습니다.

퇴근하는 아빠를 버스정류장에서 기다리던 아들이 아빠가 내리는 것을 보고 달려오던 모습이 아련합니다. 아기자기한 것을 색종이로 만들어 아빠에게 선물을 건네던 딸의 모습도 그리워집니다. 행복을 먼 곳에서 찾으려고 했던 그 시절엔 소소한 행복이 얼마나 귀중하고 소중한지 몰랐습니다. 무언가를 잃어버린 듯한 허전함에 의자에 머리를 기대어 아이들과의 따뜻한 추억을 회상합니다.

흘러가는 시간을 막을 수 없습니다. 그 순간을 잡으려고 해도 결국 과거로서만 회상하게 되는 것이죠. 세월이 흘러가며 아이들의 생각과 모습도 점점 변해갑니다. 과거의 아이들은 사라졌고 현재의 변한 모습을 인정하고 아빠의 역할도 달라져야 하겠지요. 삶의 무게를 짊어지며 외로이 고군분투하는 이 땅의 아빠들은 가족의 행복과 안녕을 위해 오늘도 지친 몸을 이끌고 회사로 향합니다. 누구나 다람쥐 쳇바퀴 돌듯이 살아가는 것을 원했던 것은 아닌데 어느덧 굴레에 갇혀버리고 열정을 잃어버린 자신을 발견하고는 한숨을 길게 내쉽니다. 아이들을 바라보면 사회에 만연한 치열한 경쟁에 노출되어 현실적으로 변해가고 웃음을 일찍 잃어버린 것을 볼 때면 안타깝습니다.

외출하기 좋은 따스한 봄날 꽃이 핀 화단을 보며 아이들 손을 잡고 학교에 바래다주던 기억이 납니다. 조막만 한 딸의 손을 잡고 걸으며 아파트 화단에 핀 꽃들을 바라보며 봄의 생명력을 느끼던 날, 환한 웃음으로 학교 정문 앞에서 손을 흔들고 들어가다가도 다시 뒤돌아보며 웃음 짓던 모습이 아련합니다. 학교 정문 옆에 있는 축구 골대를 보면 아빠에게 져서 분해하던 아들의 모습도 생각이 납니다.

철없던 아빠였던 시절이 지나가고 이제 아빠로서 조금 성숙해졌다고 느끼는 순간 아이들은 어느덧 훌쩍 커버렸습니다. 저마다 독립된 존재로서 간섭을 받고 싶어 하지 않지만, 현재 떠나갈 능력을 갖추지 못해 혼란스러워하는 전형적인 청소년의 모습을 하고 있습니다. 간섭하지 않고 묵묵히 지켜보려고 노력하지만, 아빠의 눈에는 왜 이렇게 아이들의 부족한 면이 많이 보이는 걸까요. 그동안 지식은 많이 쌓아왔지만 넓은 지혜의 눈으로 바라보는 식견이 아직은 많이 부족한가 봅니다. 포용하고 이해하는 마음보다는 서운함과 불만이 터져 나오는 것은 아이들을 위한다는 것보다는 아빠의 욕심에서 비롯된 것이겠지요.

어릴 적부터 행여나 쓰러질까, 넘어져서 다칠까 노심초사하던 마음은 아이들이 커서도 고민만 바뀌었을 뿐 변하지 않는 것 같습니다. 앞으로는 쓰러지고 넘어지면서도 다시 일어서서 자립심과 세상에 대한 자신감을 키워나가길 멀찌감치 뒤에 숨어서 바라만 보아야 하겠지요.
뒤돌아보면 아이들에게서 넘치는 행복을 많이 받았다는 것을 느낍니다. 다만 그 시절 그것이 행복임을 잘 몰랐던 것이죠. 아이들에 대한 감사함을 몰랐던 것입니다. 이제부터 소중하게 받은 것을 되돌려 주어야 하겠죠. 아직도 서툴지만 조금씩 조금씩 사랑의 마음으로, 감사의 마음으로 되돌려 주어야 함을 봄의 길목에서 다시금 생각해 봅니다.

엄하지만 뒤에서 조용히 지켜보며 응원하는 아빠의 마음을 언젠가 아이들도 가정을 꾸리게 되면 알게 되겠지요. 날카로운 부리와 발톱을 갈고 닦으며 강인한 날갯짓을 하며 힘차게 날아오르고 세상의 자유로움을 만끽하는 아이들이 되었으면 좋겠습니다. 외롭겠지만 그들의 부리와 날개 그리고 비행기술은 스스로 터득해야 하기 때문입니다. 날 수 없는 새는 저 넓고 높은 세상으로 나갈 수가 없습니다.

갈매기 조나단처럼 높이 날아오르며 멀리 보고 꿈을 향해 도전하는 삶을 아빠가 모범을 보여야 함을 절실히 느낍니다. 그리고 아이들과 함께 활짝 웃으며 창공을 힘차게 날아오르는 그 날을 상상해 봅니다.

행복은 신뢰와 존중으로부터 온다

세상에 태어나서 새로운 것을 체험하는 순간부터 세상과의 교류가 시작됩니다. 엄마의 따뜻한 음성을 듣고, 포근한 품 안에서의 피부 자극은 아기의 마음을 안정시킵니다. 그런데 엄마 배 속에 있을 때와는 달리 스스로 안간힘을 쓰며 엄마 젖을 빨아야 필요한 영양과 면역력을 얻고 생존할 수 있습니다. 힘들다고 포기하지 않고 살기 위해 먹어야 하는 과제가 생긴 것입니다.

이처럼 사람들은 살아가기 위해서 스스로 과제를 해결해야 합니다. 누구도 대신 그 과제를 해결해줄 수는 없는 것입니다. 가족이기 때문에, 친구이기 때문에 신경은 써 줄 수 있어도 결국 과제를 해결하는 것은 본인이 할 수밖에 없습니다. 물론 과제를 하든 않든 결과에 대한 책임은 본인이 지게 됩니다. 학생들이 숙제를 안 하면, 학교에 안 가면 그에 대한 불이익을 받게 되는 것을 감수해야 합니다. 숙제를 안 한다고 부모가 잔소리하며 끼어드는 것은 다른 사람의 과제에 민감하게 반응하는 것과 같습니다. 부모이기 때문에 자식이 올바르게 잘 자랐으면 바람은 있겠지만, 과제를 대신 해주면 결국은 갈등이라는 부작용이 생기게 됩니다. 아이들이 공부하는 것은 아이들의 과제입니다. 결국 다양한 일들 속에서 좌충우돌하면서 배워가는 것은 개인 몫이기 때문입니다. 자식이 소유물이 아니듯이 자식의 인생은 스스로 개척해 나가도록 해주는 것이 부모의 역할입니다.

부모가 도와주는 것은 어디까지나 자식이 힘에 부쳐 조언을 구하거나 방향을 잃어버렸을 때입니다. 부모는 자신의 경험에 비추어서 억지로 자식에게 강요할 필요도 없습니다. 자식이 잘되기를 바라는 마음은 이해가 되지만, 그 마음 또한 욕심일 수도 있습니다. 부모가 이루지 못한 꿈을 이루었으면 하는 마음, 부모의 기준에 맞추어 자랐으면 마음 등 모두가 결국은 부모 자신이 편하기 위함인 것입니다. 사람들이 살아가는 방식이 천차만별이듯이 부모가 살아오면서 생긴 기준이 항상 옳다고 볼 수도 없습니다.

세상에서 일어나는 일들이 무엇이 옳고 그르다고 분별하기 쉽지 않은 일이 많습니다. 예를 들어 결혼은 무조건 해야 한다거나 결혼하지 않는 것은 문제라고 보는 것은 어떨까요? 결혼을 한 사람들에게 물어보면 행복하다고 하는 사람들도 있고, 부부, 자식과의 갈등으로 행복하지 않다고 하는 사람들도 있습니다. 그리고 결혼하지 않은 사람들에게 물어보면 마찬가지로 혼자 사는 것이 행복하다고 하는 사람들도 있지만 행복하지 않다고 하는 사람들도 있습니다. 저마다 행복의 기준이 다른 것이지 사회적 통념이 항상 옳은 것은 아니라는 얘기입니다.

이 세상에 한 아이를 둔 아빠와 엄마 세 사람만 산다고 가정해 보겠습니다. 그렇다면 학교 다니는 것과 공부하는 것이 무슨 소용이 있을까요? 물론 여기서 공부는 호기심을 충족하는 자발적인 공부라기보다는 좋은 대학에 가서 취업을 하기 위한 공부를 전제로 합니다.

아마도 한 가족만 세상에서 산다고 가정하면 옆집 아이와 비교하는 것이 없어지고, 자기 자식의 진로에 대한 부모의 욕심 또한 없어질 것입니다. 결국 남과 비교하는 삶은 부모 자신은 물론이고 아이에게도 행복을 가져다주지 못합니다. 그리고 부모 자신이 행복하기 위해 아이가 꼭두각시 인형처럼 움직여 주어야 한다는 욕심도 불행을 자초하는 일입니다. 사람들은 스스로 판단하고 결정하면서 성장하는 자기실현 경향성이 있기 때문입니다.

행복은 사람들 개인마다 기준이 다릅니다. 부모는 스스로 행복할 권리가 있듯이 아이 또한 스스로 행복할 권리가 있습니다. 가족부터 행복할 권리를 서로 존중해 줄 때, 더 나아가 사회에서의 대인관계 또한 더욱 즐거워질 수 있을 것입니다. 저마다 가지고 있는 가치를 존중해 주며 행복의 기준을 돈, 권력, 명예로 한정시키는 오류를 피해갈 수 있습니다. 사람들은 태어나서 죽을 때까지 과제 속에서 성장하게 됩니다. 본인이 과제를 선택할 수도 있지만, 외부 환경에 의해 주어지는 과제도 있습니다. 외부에서 주어지는 과제는 의무적으로 해야 하는 사회적 규범 또는 시스템과 관련이 있습니다. 학교에 다니고 예의 범절을 배우는 것은 기본적인 사회인으로서의 소양을 갖추려면 필요한 것이지만, 남들이 하는 것을 꼭 따라서 해야만 행복한 것은 아닙니다. 다만 따라서 하지는 않더라도 다른 사람에게 피해를 주면서 느끼는 즐거움은 참된 행복이 아니라는 것을 알 필요가 있습니다.

행복하려면 무언가 거창한 계획 및 목표가 있어야 한다고 생각할 수 있습니다. 하지만 행복을 느끼기 위한 과제가 굳이 어려울 필요는 없습니다. 손쉽게 일상에서도 마음만 먹으면 찾을 수 있기 때문입니다. 이러한 사례는 전 세계 행복도 조사에서 1위를 차지한 덴마크에서 찾아볼 수 있습니다. 덴마크의 행복도가 높게 나오는 것은 서로에 대한 신뢰와 투명한 국가 및 사회 시스템에서 비롯됩니다. 서로에 대한 신뢰는 행복을 추구하는 각자의 방식을 존중한다는 것을 내포합니다. 또한 신뢰와 존중의 사회 분위기는 사소한 것에서도 만족을 느낄 수 있게 합니다. 웰빙을 뜻하는 휘게Hygge라는 덴마크어가 있습니다. 휘게를 추구한다는 것은 언어, 목표, 방법을 설정하는 것과 같다고 합니다. 눈 내리는 창밖을 바라보며 느끼는 차 한잔의 시간, 잊고 지냈던 옛 추억을 떠올리는 노래가 라디오에서 흘러나오는 시간 등, 휘게는 소소한 일상 속의 행복을 말합니다. 새롭지 않고, 화려하지 않으면서도 자극적이지 않은 행복을 느끼게 하는 휘게는 오래된 친구처럼 편안하고, 소박하며 은은한 향기처럼 일상에서 쉽게 찾을 수 있습니다.

쉽게 찾을 수 있지만, 등잔 밑이 어둡다고 하듯이 멀리서 행복을 찾기 때문에 행복을 찾기 힘들다고 할 뿐입니다.

덴마크 사람들은 사회적 관계를 중시한다고 합니다. 특히 소중한 사람들과 함께하는 시간을 중요하게 여기고 행복을 만끽합니다. 행복은 소중한 사람들과의 관계 속에서 옵니다. 그러한 관계에서 중요한 것은 행복은 개개인의 삶의 방식이 다름을 서로 존중하고 신뢰할 때 온다는 것입니다.

의욕상실로부터의 탈출

사람들은 사회관계를 떠나서 의식성장을 생각할 수 없습니다. 관계로 얽힌 사람들과의 만남을 통한 경험들이 그동안 몰랐던 상대에 관한 이해의 폭을 넓혀주기 때문입니다. 그러나 자존감이 약한 사람들은 관계에 대해 어려움을 호소합니다. 심할 때는 대인관계로 인한 스트레스로 정신질환을 앓을 수도 있습니다.

바닥까지 추락한 자존감은 삶에 대한 의욕을 잃고 주저앉게 합니다. 목표 없이 주저앉은 삶은 암담하기만 합니다. 여기서 헤쳐나오는 방법은 자신이 부족한 점은 인정하고 할 수 있는 것부터 찾는 것입니다. 비록 작은 일이라도 스스로 할 수 있는 일을 찾고 소소한 것에서부터 성취감을 느껴가는 것이 바닥에서 딛고 일어서는 힘이 됩니다.

어릴 적부터 주입된 성취주의는 자발적인 동기보다는 부모에 의해 주입되어 만들어지는 경우가 많습니다. 이를 통해 성년이 되어서도 목표를 정하지 못하거나 수동적으로 마지못해 목표를 정하는 부작용이 발생하게 합니다. 스스로 인생 설계하는 능력은 어릴 적부터 키워져야 합니다. 부모가 보기에 현실과 괴리가 있는 목표라고 해도 현실감을 키워줄 필요는 있지만, 아이들의 의욕을 꺾을 필요는 없는 것입니다. 무의미하게 살아왔다고 한탄해도 지난날을 돌이켜보면 스스로 이루어 놓은 것이 많을 것입니다. 넘어지고 부딪히며 난 상처를 통해 현실을 이해하고 다시 일어서서 앞을 향해 걸어갔기 때문에 현재의 모습으로 이어진 것입니다. 오직 성적, 합격, 취업, 승진만이 도전에 대한 성취의 모든 것을 대변하는 것은 아니라는 것을 알아야 합니다.

태어나서 지금까지 살아오는 과정은 새로운 것에 대한 도전의 연속입니다. 아기가 태어나서 스스로 기어 다니다가 일어서서 걷고 말하기까지 많은 도전이 있었습니다. 지금 현재는 어떤가요? 걸을 뿐만 아니라 뛰어다니고, 말하는 것은 물론이고 쓰고 읽는 것도 가능할 것입니다. 지금까지 많은 것을 이룬 것처럼 잠시 넘어졌다고 생각해도 다시 일어설 수 있다는 자신감을 가져야 합니다. 주변을 둘러봐도 암울하고 지지해 주는 이가 없다고 생각할지도 모릅니다. 더 내려갈 수 없는 바닥이라고 생각할 수도 있습니다. 그래도 어린 시절부터 넘어지고 일어서는 과정을 겪고 왔듯이 일어설 수 있다는 희망을 품어야 합니다. 지금 잠시 받는 고통과 시련은 균형을 잃어버린 자신을 뒤돌아보고 성장할 수 있는 길을 보여주는 선물일 수도 있습니다.

사람들은 시련이 닥치면 왜 자신에게 이런 일이 일어났는지를 한탄하며 절망합니다. 여기서 절망이라는 부정적인 에너지에 휩싸여 빠져

나오지 못하는 사람들이 있지만, 절망 속에서 내면을 성찰하고 삶의 깨달음을 얻고 더 성장하는 사람들도 있습니다. 그러한 차이는 부모로부터 물려받은 유전적 성질과 살아온 환경적 요인에 의해 형성된 성격에서 비롯될 수 있습니다. 즉 부모의 역할이 그만큼 자녀의 인생관에 이바지하는 바가 큰 것입니다. 필자 또한 아이들에게 모범이 되고 균형을 잡아주는 아빠로서 다가가고자 하지만 현실은 그렇지 않은 경우가 많았습니다. 아이들의 입장보다는 아빠의 욕심이 들어가는 경우가 더 많았고, 갈등을 겪고 나서야 뒤늦게 균형이 깨졌음을 깨달아 뒤돌아보는 시간을 가져왔던 것입니다.

시련은 원만한 관계의 불균형에서 비롯됩니다. 자신을 중심으로 주로 가깝게 연관된 사람들과의 관계에서 힘들게 하는 것이 발생한다면 무언가의 균형이 틀어졌다는 신호라고 볼 수 있습니다. 주변 사람들과의 많은 대화와 그들의 행동과 표정을 통해 올바르게 균형이 잡혔는지에 대한 신호를 찾을 수 있습니다. 자녀의 표정이 어둡거나 말수가 전보다 줄어들었다면, 그리고 전과 다른 행동을 보인다면 관계에 문제가 생겼다는 신호입니다. 자녀들의 문제라기보다는 부모의 자녀 교육 방식에 문제가 있는 것은 아닌지, 부부가 서로 존중하고 사랑하고 있는지, 자녀들을 자신과 다른 영혼이 아니라 소유물로 생각하는 것은 아닌지 생각해 보아야 합니다.

가족들로부터 지지를 얻지 못한다면 사회생활이 원만히 이루어질 리 만무합니다. 결국 사회에서 또 다른 갈등을 일으키면서 사신에 대한 자신감 결여, 자만심으로 인한 소통과 교류의 문제를 일으킬 확률이 높습니다. 이는 관계 문제로 인한 불안과 사회생활을 어렵게 함으로써 의욕상실로 이어질 수 있습니다. 가족이 건강해야 사회가 건강할 수 있습니다. 시련을 미리 예방을 위해서는 주변에서 소소한 즐거움을 찾아야 합니다. 돈과 권력 그리고 명예가 중요하다고 해도 가족 구성원 또는 소중한 사람들 자체가 없다면 무슨 의미가 있을 수 있을까요?

요즘 사회는 지지해 주는 사람들이 부족해 정신적으로 외로운 사람들이 많습니다. 경제활동을 할 수 있는 여건이 줄어들면서 의욕 상실한 사람들도 점점 늘어나고 있습니다. 그렇다고 해도 실패의 경험으로 자포자기하거나 의욕상실로 망연자실해 있다고 해서 세상이 변하지는 않습니다. 지푸라기라도 잡는 심정으로 자신만의 소중한 인생을 붙잡아야 의욕상실로부터 빠져나올 수 있습니다. 시간이 걸린다고 해도 재기하고자 하는 의지가 있다면 고된 시련을 통해 더욱 성숙한, 영롱한 자태와 깊은 향기를 간직한 꽃이 피어날 것입니다.

의욕상실로 주저앉아 있다면 푸른 하늘을 보는 것은 어떨까요? 푸른 하늘 아래 흘러가는 구름처럼 시련은 언젠가 지나갈 것입니다. 또한 밝은 태양이 구름에 가려졌다고 생각하면 태양과 같은 신성(神性)을 가리는 구름을 없애면 됩니다. 물론 생각만으로 의욕상실의 검은 구름을 없애기는 쉽지 않습니다. 그러나 의욕상실은 변화를 위한 신호이고 보다 성숙해지기 위해 하늘이 주는 또 다른 선물일지도 모릅니다.

반복되는 일상에서 새로운 발견

변함없이 똑같은 하루를 보낸다면 어떨까요? 아마 반복되는 일상에 하루하루가 지겨워지고 인생에 대해 회의감을 품게 될 것입니다. 영화 『사랑의 블랙홀』에서는 어느 날부터 자고 일어났더니 똑같은 오늘이 반복되는 상황을 경험하는 주인공을 통해 삶의 본질을 뒤돌아보게 합니다.

만약에 똑같은 하루가 반복된다면 영화처럼 지겨운 삶에서 벗어나기 위해 향락적인 생활을 할 수도 있습니다. 하지만 무엇이든지 익숙해지면 지루해지기 마련입니다. 결국 주인공 필코너는 삶에 회의를 느끼고 여러 번 자살을 시도하지만, 다음 날이면 어김없이 다시 살아나 똑같은 하루를 맞이하게 됩니다. 현실에서도 많은 사람이 영화와 같이 똑같은 하루가 반복되는 것은 아니지만 지루하리만큼 같은 일상을 보낸다고 생각하는 사람들이 많습니다.

일과를 끝낸 후에 친한 지인들과 술 한잔을 기울이고, 주말이면

막힌 도로를 뚫고 외곽으로 나가서 바람을 쐬며 잠시 일탈을 느껴봅니다. 그러나 결국 월요일이면 반복되는 일상으로 돌아오는 다람쥐 쳇바퀴 도는 삶을 살아가고 있는 것입니다. 어디서부터 잘못되어있는지를 생각하기 이전에 삶의 족쇄는 스스로 만든다는 것을 인지할 필요가 있습니다. 대학이든, 직장이든, 배우자든, 원하든 원하지 않든 결국은 스스로 선택해 왔기 때문에 지루한 삶도 결국 자신의 책임인 것입니다.

삶이 지겹고 외롭다면 새로운 변화를 추구하지 않기 때문입니다. 변화는 자신과는 다른 사람들을 이해하고 받아들이는 노력의 결과입니다. 주변 환경 탓으로 돌리기 때문에 자신이 상대방보다 약하다면 수동적으로 받아들이거나 강압적으로 주입하고 때로는 주변과 차단하여 자신을 고립시킵니다. 사람들에 대해 믿음이 부족할수록 주변 사람들의 마음을 이해하려고 노력하기보다는 자기중심적 생각에 빠지기 쉽습니다.

『사랑의 블랙홀』에서 자기중심적이고 매사에 냉소적인 성격인 주인공은 똑같은 일상 속에서 고뇌하지만 결국 자신과 연결된 주변 사람의 마음을 헤아리고 이해하고 도와주면서 삶의 즐거움을 발견하게 됩니다. 영화에서는 똑같은 오늘을 보내면서 상대방의 관심사를 알아내고 호감을 얻게 되는데 이처럼 자신의 관심사를 헤아리고 알아주는 사람을 좋아하지 않을 수 없습니다. 똑같은 일상에서 벗어날 수 없다는 절망에서 벗어난 주인공은 결국 남들을 기쁘게 해주고 도와줄 수 있는 일을 찾으면서 많은 재능을 얻게 됩니다. 주인공은 얼음조각가, 의사, 피아니스트, 외국어 구사 등 다른 사람들과 교감을 가지려는 노력으로 얻게 된 재능으로 하루 동안에 주변 사람들의 관심과 사랑을 받습니다. 그리고 그동안 계속 실패해 왔던 간절히 원하던 사랑하는 사람의 마음을 드디어 얻게 됩니다.

물론 영화이기 때문에 가능한 일이겠지만 주인공은 반복된 일상에서 주변 사람들에 대해 많은 정보와 교감하려는 노력으로 선행을 베풀며 단 하루 동안에 기쁨과 행복을 주고받습니다. 반복되는 무의미한 삶에 변화를 주고 의미를 부여하면서 주인공은 블랙홀처럼 빠져나올 수 없었던 똑같은 하루에서 벗어나게 됩니다.

권태로운 삶의 블랙홀에서 빠져나오는 길은 어떻게 삶에 의미를 부여하느냐에 달려있습니다. 의미가 부여된다면 매사에 자발적이고 긍정적인 선택을 해나가면서 변화의 계기가 마련됩니다. 조급하게 빨리 가려고만 하지 말고 조금 늦게 가더라도 큰 욕심 없이 소소한 가치를 추구해야 합니다. 요즈음 많은 학생은 새로운 것을 탐구하는 공부에 대한 재미보다는 돈을 많이 벌기 위한 안정적인 가치에 관심을 두는 경향이 있습니다. 인내하고 노력한 결과로 원하는 대학과 직장에 들어갈 수도 있겠지만, 물질적인 가치에 국한되어 있다면 어떤 환경에서든 행복할 수 없습니다. 배우자를 만나는 일도 상대방의 조건을 보고 결혼한 경우에는 설령 결혼한다고 해도 조건을 충족한 후 권태는 오히려 더 빠르게 찾아올 수 있습니다. 달콤한 조건에 대한 유혹은 아무리 충족이 되어도 행복을 늘려주지는 못하기 때문입니다.

조급한 결정은 후회를 만들게 됩니다. 심사숙고 후에 어떤 결정이든 책임을 진다는 의지가 들어가 있지 않기 때문입니다. 그렇기에 조금은 한 템포 늦게 마음을 준비할 필요가 있습니다. 천천히 가면 주변에 놓쳤던 것들이 보이게 됩니다. 그동안 보지 못했던 주변의 아름다운 풍경을 볼 수 있는 여유가 생기고 에너지가 충전됩니다. 에너지가 충만하면 어린 시절 꾸밈없이 즐겼던 자신을 되찾고 행복을 향한 새로운 길을 볼 수 있는 계기가 마련됩니다.

여유는 조급하지 않고 그동안 빨리 지나가며 못 보았던 주변을 천천히 바라보는 과정에서 만들어집니다. 여유로운 관계 속에서 행복이 깃들게 됩니다. 하지만 불가근불가원(不可近不可遠) 즉, 사람들과의 관계는 가깝지도 멀지도 않은 적정한 거리에서 이루어져야 편안함을 느낀다고 합니다. 너무 가까우면 집착하게 되어 상대방을 구속하게 되고, 자신이 주었던 사랑만큼 타인의 사랑을 기대합니다. 그리고 원하는 만큼의 관심과 사랑을 못 받았으면 외로워하고 원망하게 됩니다. 반면 관계가 너무 멀면 냉정하고 이기적인 사람으로 인식되기 때문에 다가가기 어려운 사람으로 인식됩니다. 대인관계를 멀리하면 할수록 어려움을 홀로 극복해야 하므로 해결능력이 떨어질 수 있습니다. 또한 관계를 통한 즐거움에서 멀어지고 평생 외로움을 달고 살게 됩니다.

가깝지도 않고 멀지도 않은, 부족하지도 않고 넘치지도 않는 관계로 살아가는 중용의 길은 일상에 대해 기대치를 내려놓는 과정에서 드러납니다. 기대치를 내려놓는 것은 관계 속에서의 욕심을 내려놓는 것입니다. 욕심을 내려놓아야 자신도 좋고 타인도 좋은 일을 도모하게 됩니다. 자신과 타인이 서로 이해하고 만족할 수 있는 삶이 바로 중용의 삶이기 때문입니다.

포기하여 자포자기하고 주저앉는 삶도 문제이지만 조급하게 달려가는 삶도 문제가 될 수 있습니다. 속도를 줄이면 시야에 많은 사물이 들어옵니다. 그리고 사랑과 포용의 새로운 관계로서 적절한 거리를 유지하며 다가간다면 삶은 이전과는 다른 신선한 모습으로 다가올 것입니다.

Chapter 6

철학적 향유

Enjoy

the little

Things

It's

the little things

that make

life big

소소한 일상 속의 풍경

행복의 본질은 무엇일까요? 자신만의 행복을 추구하는 사람도 있고, 함께 다 같이 누릴 수 있는 행복을 추구하는 사람도 있습니다. 함께 누릴 수 있는 행복도 결국은 자신이 행복해야 다른 사람들에게 행복 에너지를 나누어 줄 수 있을 것입니다.

자신을 중심으로 관계를 맺는 사람들을 생각해 보면 주변 환경에 따라 감정의 기복이 출렁거리는 것을 알 수 있습니다. 결국은 다른 성향의 주변 사람들과의 관계를 통해 좌충우돌하는 인생을 살아가며 천당과 지옥을 오고 가게 됩니다.

관계가 원만하면 편안하기에 행복하다고 느낍니다. 관계가 불편하면 불행하다고 느끼는 것이 일반적입니다. 누군가에게 불편함을 느끼는 것은 그들의 말과 행동이 익숙하지 않다는 것입니다. 사람들은 저마다의 개성이 있는데 모든 사람의 말과 행동을 이해하는 것은 쉬운 일이 아닙니다.

사람들은 안정을 추구하고자 하는데 이는 익숙한 환경에서 편안함을 느끼기 때문입니다. 그러나 익숙한 환경에 빠져들면 현상을 바라보는 눈도 한쪽에 치우쳐질 수밖에 없습니다. 따라서 편안함에 익숙해져 버리면 우물 안 개구리와 같은 삶을 살아가게 됩니다. 달이 차면 기울고, 계절이 바뀌는 것처럼 지금 익숙하게 느껴지는 상황도 영원할 수 없습니다.

일상에서 좌충우돌한다는 것은 불편한 상황을 만드는 반면 변화할 수 있는 계기를 마련할 수 있습니다. 봄, 여름, 가을, 겨울로 이어지는 자연의 변화처럼 사람들도 세월 따라 몸과 마음이 변화하기 마련입니다. 이처럼 이 세상에 변하지 않는 영원한 것은 없습니다. 자신이 좋아하는 것을 영원히 붙잡고 있겠다는 것 자체가 욕심이 될 수밖에 없습니다. 봄이 좋다고 하는 사람은 다른 계절이 그저 그렇다거나 싫다는 얘기가 됩니다. 그렇다면 봄이란 계절 외에는 행복을 느끼기 어려울 수 있습니다. 이처럼 무언가를 좋아한다고 하면 싫어하는 것이 생겨납니다. 이 세상에 영원한 것이 없기에 좋은 것을 느끼는 시간이 지나면 결국 다시 무감각해지거나 불행하다고 느끼는 시간이 오게 되는 것입니다. 사계절에 대한 사람들의 기호가 다른 것처럼, 색깔에 대해서도, 옷 취향에 대해서도, 좋아하는 동식물에 대해서도 모든 것이 사람마다 좋아하고 싫어하는 것이 다릅니다. 좋고 싫음을 구분하는 것은 자기 스스로 구분하는 것입니다. 그렇기에 세상에는 좋거나, 나쁘게 생겨난 것은 없습니다.

심지어는 더럽다고 할 수 있는 동물의 배설물도 약으로 쓰이기도 합니다. 이처럼 나쁘다고 생각하는 대상, 불행하다고 생각하는 상황에서 긍정적인 면을 찾아내는 것이 포용력을 넓히고 마음의 안정을 찾는 길입니다. 포용력이 커지면 불행하다고 생각되는 일들이 줄어들 수밖에 없습니다. 결국 행복, 불행의 이분법적인 사고에서 불행하다고 생각되는 것들이 줄어들면 삶에 대한 만족도는 올라가게 됩니다.

행복은 사람마다 느끼는 대상, 기준이 다르기에 정의하기도 힘들고 가르칠 수 있는 것이 아닙니다. 소소한 일상 속에 보이는 풍경을 바라보면서도 어떤 사람은 좋다고 하고 어떤 사람은 싫다고 합니다. 서로가 다르다는 것을 인정하면 자신과 타인 모두를 존중하게 되는 것입니다. 서로 관점이 다르다는 것을 인정하면 상대방을 공감하게 되고, 공감하게 되면 갈등은 현저히 줄어들게 됩니다.

생김새가 다르고, 생각이 다르고, 현재 속해 있는 환경과 다르다고 해서 거부하고 무시하는 것은 스스로 고통을 자초하는 일입니다. 다름을 인정하지 않는다는 것은 차별한다는 것이고, 다름을 인정한다는 것은 다양성으로 받아들인다는 것입니다. 다양성을 인정하게 되면 사고를 더 넓일 수 있는 계기가 됩니다.

공자는 "군자는 화합을 추구하되, 같음을 강요하지 않고, 소인은 같음을 강요하되, 화합을 추구하지 않는다"라고 하였습니다. 군자는 서로 다름을 인정하고 도리에 맞으면 화합하려고 하지만, 소인은 각자의 이익에 도움이 되거나 기호가 같은 경우에만 어울린다는 뜻입니다. 결국 소인들이 행복하지 않은 것은 자신에게 이익이 되는 것만을 찾고 다른 것을 배척하기 때문일 것입니다.

　소소한 일상 속을 들여다보면 자신과 다르고 같은 것을 찾을 수가 있습니다. 겉으로 꾸민 모습이 같음과 다름을 느끼고, 서로 나눈 대화 속에서 같음과 다름을 느끼기도 합니다. 다름은 다양성을 나타내기도 하지만, 때론 감동을 선사하기도 합니다. 자신이 할 수 없다고 생각했던 것을 불굴의 의지로 이루어낸 사람들을 통해 '정말 저 사람은 다르구나'라고 생각하며 감동합니다. 지금까지 생각지도 못했던 다른 생각을 떠올렸을 때, 여행을 통해 이색적인 경험을 했을 때 환희하고 감동합니다. 어려운 과제를 풀거나, 갈등을 극복했을 때 감동하는 것처럼 감동은 다름 속에도 느낄 수가 있는 것입니다.

　우리의 뇌는 새로운 자극을 받으면 도파민이 분비되면서 행복한 느낌을 받게 됩니다. 일상 속의 사소한 일에도 기뻐하고 감동하는 사람들은 오래 산다는 연구결과가 있습니다. 아마도 그들은 다름을 인정함으로써 새로움을 자신에게 도움이 되는 긍정적인 요소로 받아들이는 습관이 되어있기 때문일 것입니다.

　나날이 변화하는 소소한 일상의 풍경은 오늘도 계속되고 있고 그 속에 행복이 기다리고 있습니다.

봄이 오는 길목에서

긴 겨울이 지나 이제 3월 중순이면 봄이 올듯한데 구름 낀 하늘 아래 바람은 아직도 차갑습니다. 아직도 저장된 씨앗에서 싹을 틔우기에 부족한 환경이라 느끼는지 대지는 고요하기만 합니다. 하지만 즐거운 시간도 영원히 잡을 수 없듯이 인고의 시간을 보내는 겨울날 인내하고 저장하는 시간 또한 지나가기 마련입니다.

휴식과 저장의 시간을 통해 다시 새싹과 꽃잎을 피우는 것을 볼 때면 회색빛에 둘러싸인 깊은 상심도 흘러가는 구름처럼 지나가게 됨을 알고 미소를 짓게 됩니다. 하늘 아래 저마다의 생명체가 다르지만, 그 자체 존재함으로 조화를 이루는 것처럼, 천편일률적이고 맹목적으로 좋다고 추종하는 삶이 과연 행복한지를 생각해 보아야 합니다. 서로 다른 악기들이 화음을 이룰 때 조화로운 아름다운 소리를 내는 것처럼, 서로 다름을 존중하고 조화를 이룰 때 세상은 아름답게 느껴지게 됩니다. 산에 온통 장미만 피어있다면 너무나도 인공적인 아름다움에 쉽게 질리게 될 것입니다. 길가에 핀 이름 모를 잡초조차도 이 세상과 자연스럽게 조화를 이루기에 세상은 아름다운 것입니다.

어린 시절 우리는 모두 순수한 마음을 간직하고 있었습니다. 하지만 어른들이 만들어 놓은 규칙과 기준에 맞는 삶을 강요받으면서, 자신의 감정 표현은 줄어들고 나와 남을 가르는 기준은 더욱 커지게 됩니다. 부와 권력 그리고 명예를 추구하는 동안 자연스러운 우리의 아름다움은 잊게 되고 세월은 덧없이 빠르게 흘러갑니다. 오직 나만을 기준으로 이익됨을 계산하는 삶 속에서 다른 사람들이 피해를 보거나 불행하게 만들지는 않는지 생각해 보아야 합니다. 서로가 이로움을 주고받는 관계가 아니면 관계의 무게중심이 한쪽에 쏠리면서 손익을 따지며 갈등이 발생하게 됩니다. 세상에서 홀로 살아가지 않는 한 모든 사람은 다른 사람과 적절한 균형의 관계를 유지하기 위해 노력해야 합니다. 세상과의 균형을 맞추게 되면 하나 됨을 배우고, 잊고 지냈던 평온함과 욕심 없는 순수함을 다시 발견하게 됩니다.

행복은 멀리 있지 않고 마음먹기에 따라 행복과 불행이 작용한다는 것을 누구나 잘 알고 있습니다. 하지만 머리로 이해한 것이 마음으로 전달되어 실행하기란 쉽지가 않습니다. 바로 오랫동안 쌓인 습관과 무의식에 깊이 뿌리내려진 업(業)으로 인한 작용일 수도 있을 것입니다. 그것을 이해하면서도 내려놓으려고 하지 않고 붙잡는 어리석음으로 스스로 고통을 주는 삶을 살아갑니다.

봄에 꽃이 피고 여름이 되면 잎사귀가 무성해지며 가을이면 열매를 맺고 겨울이면 앙상한 나뭇가지만 남은 나무를 바라보게 됩니다. 춘하추동의 기운에 맞추어 살아가는 나무는 말없이 자연의 이치를 실천하며 살아갑니다. 하지만 만물 중에서 오직 인간만이 자연의 이치를 거스르면서 다른 사물들을 정복하고 파괴하면서 살아갑니다. 이를 통해 물질적인 풍요로움과 편리함을 얻었는지 모르지만, 정신적으로는 이유 모를 외로움에 휩싸이게 됩니다.

자연과 타인에게 피해를 주면서 물질적인 풍요를 얻는 삶은 상대적으로 정신적인 빈곤을 가져다주게 됩니다. 꿀을 모으는 꿀벌은 꽃에 담긴 꿀을 얻는 대가로 수술의 꽃가루를 다른 꽃 암술에 옮겨 열매를 맺게 합니다. 이외에도 서로 이로움을 주는 공생관계를 자연에서 관찰할 수 있습니다. 하지만 인간은 벌들이 힘들여 모아놓은 꿀을 채취하고 아름답게 핀 꽃을 꺾어 집안에 장식하는 것처럼 자신만의 이로움을 위해 주변의 다른 사물들에 피해를 주게 됩니다.

무언가 이로움을 주지 못한다면 감사하는 마음이라도 전달해야 합니다. 물질적인 풍요 속에서 상대적으로 피해를 보고 있는 누군가를 생각해 본다면 지금 누리고 있는 삶 속에서 감사할 대상은 수없이 많다는 것을 알 수 있습니다. 자연을 보고 느끼면서 매사에 겸손하고 조건 없이 주는 혜택에 감사해야 함을 다시금 생각해 봅니다.

꽃망울을 바라보면 이제 얼마 지나지 않아 활짝 필 꽃을 기대하게 됩니다. 우리는 봄이 되어 꽃망울이 볼록하게 부풀어 오르면 꽃이 핀다는 것을 경험으로 알고 있기 때문입니다. 추운 겨울날은 영원하지 않고 시간이 지나면 봄은 오게 마련입니다. 불행하다고 생각하는 시간도 언젠가는 지나가게 됩니다. 시간은 세상 만물이 모두 변할 수밖에 없다는 진리를 깨닫게 해줍니다. 지금 겨울이라고 생각된다면, 겨울이 길면 길수록 봄을 느끼는 행복은 더욱 깊어지는 것을 느낄 수 있습니다.

나뭇가지에 꽃망울이 달린 것을 보면 이제 봄이 머지않았습니다. 다른 사람들과 경쟁 속에서 메마른 나뭇가지처럼 살아가는 사람들에게도 봄을 기다리는 꽃망울은 마음속에 존재합니다. 단지 따스하게 안에서 피어오르는 열기가 없어 피우지 못했지만, 때가 되어 조금씩 세상에 마음의 문을 열고 다가가면 온화한 온기로 가득 차게 됩니다. 이때 오랫동안 피지 못했던 행복의 꽃망울이 활짝 벌어지며 아름답게 피어날 것입니다.

사실 행복의 꽃망울은 시간이라는 조건보다는 마음의 변화에 따라 언제든지 행복의 꽃으로 피어날 수 있습니다. 과거와 미래가 아닌 현재만이 오직 소중하다는 것을 느끼게 된다면 행복은 바로 여기에 있습니다.

균형을 추구하는 삶

주역 괘상 중에서 지천태(地天泰) 괘는 양인 하늘이 아래에 있고, 음인 땅이 위로 올라가 있어 음양이 서로 화합하고 소통이 잘되어 조화를 이루는 괘입니다. 어떻게 보면 하늘이 위에 있고, 땅은 아래에 있는 것이 바른 이치인 것 같지만, 마음이 가는 이치는 하늘은 땅에 가 있고, 땅은 하늘에 있는 것이 서로를 위하는 조화로운 마음이라할 수 있습니다. 이처럼 주변과 조화와 균형을 이루게 되면 갈등이 줄어들기 때문에 삶은 조화와 균형을 이루어야 즐겁고 행복합니다.

자연계의 모든 현상은 음과 양, 두 가지 대립 되는 측면으로 존재합니다. 양은 밝고, 가볍고, 팽창하고, 상승하는 기운입니다. 반면 음은 어둡고, 무겁고, 수렴하고, 내려가는 기운입니다. 물론 상징하는 의미만 가지고 양의 기운이 좋고 음의 기운이 나쁘다고 할 수는 없습니다. 다만 음이든 양이든 적절하게 조화를 이루지 않고 지나치거나 부족할 때는 문제가 됩니다. 이는 유교의 중용(中庸)사상과도 일맥상통

합니다. 사계절 중에서 봄과 여름은 양에 해당하고, 가을과 겨울은 음에 해당합니다. 봄에서 여름으로 이어지는 변화에서 봄부터 자라난 양의 기운이 여름에 정점을 이루고, 여름에서 가을로 이어지는 변화에서 음의 기운이 조금씩 자라고 양의 기운은 줄어들게 됩니다. 가을에서 겨울로 이어지는 변화에는 가을에 키워온 음의 기운이 겨울에 들어서 정점을 이루게 됩니다. 그리고 겨울의 극점에 이르렀을 때의 양의 기운의 씨앗은 다시 봄이 되면 자라나기 시작합니다.

계절로 보면 더운 여름과 추운 겨울보다는 음과 양의 균형을 이루는 시기인 봄과 가을날 신체는 더욱 편안하고 쾌적한 기분을 느낄 수 있습니다. 이처럼 두 기운이 조화를 이루어야 신체는 병증이 없고, 사회에서는 갈등을 줄일 수 있습니다. 자신이 무엇이 부족한지를 알고 치우치지 않는다면 신체적으로 건강하고 정신적으로 안정된 삶을 살아갈 수 있을 것입니다.

그렇다면 어떻게 해야 균형을 이룰 수 있는 삶을 살아가게 될까요? 사주 명리학에서는 사람들이 태어날 때 부여되는 사주팔자는 본래 균형을 이룰 수 없게 되어있다고 합니다. 5가지 오행(목, 화, 토, 금, 수)으로 8개의 팔자를 아무리 구성해 보아도 결국은 오행 중에서 치우치거나, 부족한 오행이 나올 수밖에 없는 배열입니다. 따라서 사주에 균형을 이룬 온전한 팔자를 타고난 사람은 태어날 수 없습니다. 결국 전지전능한 신의 의도는 인간의 삶은 불균형한 탄생에서 기운의 균형을 이루어가기 위한 목적을 부여하지 않았나 생각됩니다.

신체는 자신의 타고난 체질을 이해하고 중화를 시킴으로써 건강을 유지할 수 있고, 정신은 균형의 원리를 이해함으로써 성숙할 수 있습니다. 신체가 건강하고 정신이 외부와 균형을 이루기 위해 실천을 해나가는 것이 바로 행복으로 가는 길입니다. 행복은 신체를 편안하게 만족함으로써 느낄 수도 있습니다. 하지만 온전한 정신적 균형으로 나아가기 위해 불균형한 갈등의 과제를 풀어나가면서 지혜를 얻는 기쁨 속에 진정한 행복이 있습니다.

동의보감에서는 몸속 음과 양의 기운이 균형과 조화를 이루는 양생법을 지켜야 건강한 삶을 살 수 있다고 했습니다. 음양의 조화가 깨지면 병이 발생하기 때문에 음양의 균형을 찾아주어 병을 고치는 것이 한의학의 치료 방법입니다. 예를 들어 서늘한 음지에서 자라는 인삼은 뜨거운 양의 성질을 가지고 있습니다. 햇빛을 보게 되면 인삼은 강한 양의 기운을 발산하면서 말라 죽게 됩니다. 이렇게 강한 양기를 가지고 있는 인삼은 허약체질과 몸이 차가운 체질에는 좋겠지만, 성격이 급하고 몸 안에 열이 많은 사람에게는 나쁜 작용을 할 것입니다. 이처럼 인삼이 좋고 나쁜 게 아닌 것처럼 사람들의 체질에 따라 넘치는 부분은 줄이고, 모자란 부분은 보완해 나가는 것이 음양의 조화입니다.

음양의 균형을 이루는 삶은 서로 필요한 부분을 끌어당겨 중화시키는 삶입니다. 뜨거움은 양이고 차가움은 음입니다. 더우면 시원하게 하고자 옷을 가볍게 입고, 추우면 옷을 껴입고 따뜻하게 유지합니다.

화가 나서 뜨거운 불의 기운이 머리 위로 올라오면 자신의 몸은 물론이고 주변과의 균형이 깨지게 됩니다. 차가운 것은 올라가고 뜨거운 것은 내려가는 수승화강(水昇火降)의 원리가 적용되어야 하기 때문입니다. 균형을 유지하려면 심호흡을 하며 뜨거운 기운을 내려 주어야 합니다. 그리고 냉정하게 상황을 파악하고 자신이 보지 못했던 면을 찾고 지혜를 넓혀나가야 합니다. 이러한 지혜는 차가운 물처럼 작용하여 활활 타오르는 불을 식혀 기운을 가라앉힙니다.

성격 면에서도 외향적인 사람들은 긍정적이고 미래지향적인 성향을 갖고 있습니다. 반면 내향적인 사람들은 매사에 조심스럽고 현실적인 성향을 갖고 있습니다. 외향적인 사람들이 바람직하고 내향적인 사람들이 문제가 있다고 판단해서는 안 됩니다. 외향성은 사교성이 뛰어나 원만한 대인관계를 만들어 가지만, 일에서는 지나치면 즉흥적으로 일을 처리하여 자칫 일을 그르칠 수 있습니다. 내향적인 사람들은 생각이 많기에 신중하게 일을 처리하는 반면 생각이 너무 많으면 일에 대한 추진력이 떨어질 수 있습니다. 따라서 어떤 공동체든지 서로 다른 성향이 사람들이 조화를 이루는 곳이 균형이 잡혀 있는 곳입니다.

물질세계는 음이 존재함으로써 양이 존재하기 때문에 음과 양이 각기 독립적으로 존재할 수 없습니다. 내가 존재함으로써 상대가 있고, 상대가 있음으로써 내가 있는 것입니다. 이처럼 사람은 물론이고 사물과의 관계는 상호 의존적인 관계이지 대립적인 관계가 아닙니다.

상호 의존적인 보완관계로 인정한다면 다름을 이해하게 됩니다. 그러나 자신과 다름을 인정하지 않고 대립하게 되면 결코 삶의 고통 속에서 벗어날 수 없습니다. 한가지 영양소만으로 건강할 수 없는 것처럼, 행복도 필요한 영양소가 골고루 섭취될 때 조화와 균형을 이룰 수 있습니다.

"불행한 가정은 각기 다른 이유로 불행하지만, 행복한 가정은 대개 비슷한 모습으로 행복하다." 톨스토이의 대표작 『안나 카레니나』에 나오는 문장입니다. 불행한 가정은 부부 문제, 자녀 문제, 건강 문제, 금전 문제, 직장 문제 등으로 갈등하고 힘들어합니다. 불행한 가정은 각기 다른 이유로 불행하지만, 행복한 가정은 이런 문제에도 불구하고 서로 긍정적으로 보듬어주고 이해하며 조화와 균형을 이루는 경향이 있습니다. 물질적, 정신적 결핍을 극복하는 것은 상대에 관한 관심과 이해이고, 관심과 이해는 균형과 조화를 이루게 하여 궁극적으로 행복에 이르게 합니다.

꿈과 천지인

천지자연을 대우주라 하고 인간을 소우주라 합니다. 소우주인 인간이 온전한 꿈을 실현해 나간다는 것은 만물 속에서 조화와 통일을 이루어 나가는 대우주의 이치를 따르는 것입니다. 이러한 우주의 이치에 따라 마음과 몸을 다하는 삶을 살아갈 때 비로소 의미 있는 존재로 사는 삶을 영위하게 됩니다.

이처럼 인간은 하늘과 땅의 이치를 가지고 태어났기 때문에 하늘의 기운인 새로운 것을 만들어내는 창조력과 하늘의 기운을 받아 물질로 형상화하는 땅의 기운을 동시에 가지고 태어났습니다. 이러한 하늘의 맑고 밝은 기운을 유지하고, 포용하고 따뜻한 마음으로 세상과 나누는 땅의 기운과 조화와 균형을 이루는 것이 바로 행복을 유지하는 길입니다.

창조적인 기운은 자발적으로 삶을 만들어 나가게 합니다. 말을 잘 듣고 순종하는 수동적 틀에 갇힌 것이 아니라 능동적인 성취를 이루어가는 삶이 바로 인간의 본성인 것입니다. 인간은 기계 부품과도 같은 대체 가능한 부속품으로서의 삶이 아닌 이 세상에 독창적으로 존재하며 살아가는 독보적인 존재입니다.

옳고 그름에 관한 판단 기준과 삶의 방식인 신념은 삶을 풍요롭게 합니다. 하지만 신념 없이 하루하루 의미 없는 시간을 보내고 있는 많은 사람이 있습니다. 또한 물질적이고 배타적인 올바르지 못한 가치가 숭상되는 사회적 분위기에 많은 사람이 오염되고 있습니다. 전염처럼 퍼져나가는 왜곡된 판단과 잘못된 신념에 의해 사회는 점점 삭막하게 변해가고 있는 게 현실입니다.

신념에는 욕망이 들어가는데 인간의 욕망은 긍정적인 면과 부정적인 면이 있습니다. 긍정적으로는 삶을 살아가는 동력을 주기도 하지만 부정적으로는 괴로움의 근원이 되기도 합니다. 따라서 괴로움의 근원이 되지 않기 위해서는 사사로운 목적이 아니라 공익적인 차원에서의 욕망을 통한 신념을 세우는 것이 필요합니다. 그러나 이 정도면 되었다고 충분히 만족할 수 있는 자족(自足)과 멈춤의 지혜가 없으면 행복은 요원할 수밖에 없습니다.

맹자의 측은지심(惻隱之心)은 어려움에 부닥친 사람을 보고 측은한 감정이 일어나는 인간의 따뜻한 본성 중의 하나입니다. 측은지심은 나와 남이 둘이 아니고 하나라는 인간의 고유한 본성에서 비롯됩니다.

하지만 어린 시절부터 감성보다는 단편적 지식만 쌓아온 아이들은 감성과의 조화를 이루지 못하고 다름을 포용하는 삶의 지혜가 부족하게 될 수 있습니다. 성인이 되어서도 타인과 비교하고 이익을 따지는 과정에서 측은지심을 갖고 살아가는 것이 손해라고 인식하는 오류가 발생합니다. 이렇게 자란 아이들은 마음이 냉랭해지고, 차가운 사람들이 만연해질수록 사회는 외롭고 행복과는 거리가 멀어지게 됩니다. 냉혹한 사회를 만들지 않기 위해서는 삶을 아름답게 살아가는 사람들이 외면받지 않고 존중받는 세상이 되어야 합니다. 그러기 위해서는 그들의 삶이 가치 있고 보람된 것이라는 인식이 퍼져나가야 합니다.

주역에서 16번째 괘인 뇌지예(雷地豫) 괘가 있습니다. 예(豫)는 코끼리가 자신이 죽을 때를 미리 알고 찾아가는 것을 뜻합니다. 이처럼 뇌지예 괘는 앞으로 닥칠 위험을 예측하고 대비한다는 뜻을 품고 있습니다. 다른 한편 모든 사람은 저마다의 사명을 품고 태어났고, 세상에 자신이 해야 할 목적을 찾아 봉사하고 이로움을 주어야 한다는 뜻도 내포하고 있습니다. 사람들은 저마다의 사랑과 정의의 본성을 가지고 태어났습니다. 이러한 본성을 잘 살리며 살아갈 때 행복하게 되고, 본성과 거리가 멀어질 때 불행하게 됩니다. 행복과 거리가 멀어지는 것은 사랑과 정의를 실천하는 저마다의 타고난 사명을 수행하지 못하기 때문입니다.

성경 창세기에는 하나님의 형상을 따라 인간을 만들었다는 내용이 나옵니다. 여기서 하나님의 형상은 시각적으로 보이는 인간의 형상이라고 해석하기보다는 보이지 않는 하나님과 같은 신성(神性)을 부여받았다고 보아야 할 것입니다. 예수는 마음과 목숨과 뜻을 다하여 하나님을 사랑하고 이웃을 네 몸처럼 사랑하라고 말하였습니다. 이는 마음과 목숨과 뜻을 다하여 매사에 하나님의 바라시는 사랑의 마음과 함께하라는 뜻입니다. 나와 남을 둘로 보지 말고 하나로 여기라는 것, 바로 이것이 평안과 거룩 그리고 행복으로 가는 열쇠임을 알려줍니다.

불교 선종에서도 일체중생 실유불성(一切衆生悉有佛性)이라고 하여 인간의 타고난 본성이 불성(佛性)임을 강조합니다. 이처럼 부처님은 인간은 탐욕, 성냄, 어리석음의 삼독(三毒)에서 벗어날 때 불성으로 거듭날 수 있음을 말하면서, 중생에서 불성을 가진 부처로 가는 인격의 무한한 가능성을 보여주셨습니다.

천지인(天地人) 합일(合一)은 내 안의 신성 또는 불성을 깨닫고 본성에 맞게 실천해야 함을 말합니다. 하늘과 땅의 질서 즉, 우주와 자연의 질서와 이치를 깨닫고 중용(中庸)을 실천하는 것이 바로 본질적인 인격으로 가는 길입니다.

우리는 극도로 물질적인 것을 추구하고 뭉쳐진 것을 쪼개내는 파편화된 시대를 살아가고 있습니다. 이러한 환경에서 인간의 본질을 추구한다는 것은 공허한 메아리로 들릴 수 있습니다. 하지만 물질 만능주의가 극심하게 만연해지고, 인간이 해왔던 영역의 일을 기계가 대체할 때 인간의 진정한 자유와 존엄성은 크게 훼손될 수 있습니다. 결국 본성과 이치에 맞는 삶을 살아가지 못하게 되면 마음의 고통은 커지게 됩니다. 사회 윤리가 깨지고, 부도덕한 일들이 매스컴에 지금도 빈번하게 등장하는 것을 보면, 앞으로 더욱 큰 시련이 다가옴에 대한 예고일지도 모릅니다.

질병을 치료하는 의사는 다음과 같이 세 분류로 나뉜다고 합니다. 질병이 발병되기 전에 찰색(察色)만 하고도 예방과 치료를 하는 의사를 상공(上工)이라 합니다. 중공(中工)은 병이 발생했을 때 치료하는 의사이고 그들은 우리 주변에서 흔히 볼 수 있습니다. 하공(下工)은 병이 깊어졌을 때 치료하므로 치유가 어렵고 위의 의사 중에서 최하수라 볼 수 있습니다. 따라서 현명한 고수(高手)들은 주변에서 일어나는 기미를 보고 미리 균형을 이루려고 예방하고 천지인에 부합되는 삶을 살아갑니다. 중수(中手)는 사건이 발생한 후 치료하므로, 발견한 시기에 따라 치료가 쉽거나 어려워질 수 있지만, 치료의 가능성은 있습니다. 그러나 하수(下手)는 이미 사건이 곪아 터질 때까지 아무런 조치를 안 하다가 뒤늦게 해결하려고 합니다. 그들은 지금까지 살아왔던 자신을 완전히 바꾸는 각고의 노력이 없다면 꼬여있는 갈등과 고통 속에서 헤어나오지 못하게 됩니다.

천지인(天地人) 합일(合一)은 자신과 주변 사물을 구분하지 않는 하나가 되는 과정입니다. 꿈을 꾸고, 실천하고, 이루어가는 것은 주변과 하나 되기 위함입니다. 꿈을 이루어 나가는 데 있어 고수는 매사에 주변과 합일이 되어 행복과 불행을 나누지 않습니다. 고수는 긍정이 습관화되어 주변과 조화와 균형을 이루어 원만한 소통을 해나갑니다. 중수는 갈등이 발생하면 때론 고통으로 힘들어하지만 결국 원인을 알아내고 변화함으로써 주변과 합일되는 것을 조금씩 터득해 나갑니다. 그러나 하수는 문제가 발생하면 부정적인 사고에서 헤어나오지 못하고 주변을 탓하다가 병은 깊어지고, 삶의 고통에 점점 깊게 빠져듭니다.

천지인(天地人) 삼재사상(三才思想)은 우리의 전통 경전인 천부경(天符經)에서도 찾을 수 있습니다. 천부경에서는 하늘에도 음양의 천지인이 있고, 땅에도 천지인이 있으며, 사람에게도 천지인이 있다고 말합니다. 한편 하나(하늘)에서 시작하여 둘(땅)이 생기고, 하늘과 땅의 교합을 통해 셋(인간)이 생겨나며, 셋(인간)에 의해 여럿(많음)이 생겨나지만, 결국 다시 하나로 돌아가는 것이 진리임을 전합니다.

이러한 심오한 이치를 간직한 사상 외에도, 오래전 우리 민족은 널리 인간을 이롭게 하고, 세상에 머물러 이치대로 교화한다는 이념을 따르고 있었습니다. 결국 만물과 하나 됨을 추구함이 바로 우리가 이 세상에 태어난 이유일 지도 모릅니다.

변화는 삶의 숙명

사람들은 현재 처해 있는 상황보다 더 나은 미래를 지향하기 때문에 꿈을 꾸게 됩니다. 그러나 꿈을 꾸는 사람들은 많지만, 막상 실행에 옮기는 사람들은 많지 않습니다. 실행에 옮기지 않는 것은 지금까지 살아오면서 익숙해진 습관이라는 관성에 의해 움직이기 때문입니다.

아무리 익숙한 삶이라 할지라도 춘하추동 변하는 자연의 법칙처럼 언젠가는 현재의 익숙한 삶과 이별하게 되는 날이 오게 됩니다. 이 세상에 영원한 것은 없습니다. 흐르는 물을 붙잡을 수 없듯이 인간의 삶도 매 순간 변해갑니다. 단지 서서히 다가오는 변화를 인지하고 있지 못할 뿐입니다. 꿈을 꾸는 것은 변화를 통해 우리 자신이 더 나은 영적인 성장을 위한 삶을 살아가기 위함입니다.

학교를 졸업한 후, 직장에 취직한 후, 결혼하고 애를 낳아 키우고 은퇴 후 의욕을 잃고 힘없이 늙어가는 삶이 보통사람의 인생입니다. 도대체 무엇을 위해 이 삶을 살아가는지를 곰곰이 생각해 보지 않는다면 모든 과정이 고통스러울 뿐입니다. 학교에서 공부를 수동적으로 하게 되면 하기 싫은 것을 억지로 참으며 인내하는 극기훈련 과정이 됩니다. 어렵사리 들어간 직장도 의미를 부여하지 못하면 윗사람과 고객에게 비위를 맞추면서 급여를 받기 위한 단순한 돈벌이 수단으로 전락하게 됩니다. 또한 결혼과 자식을 낳아서 키우는 과정도 부부로서 부모로서 받아들일 준비 즉, 진정 아낌없이 사랑할 준비가 안 되어 있다면 의무감으로 변질할 수 있습니다.

좋은 대학, 좋은 직장, 좋은 배우자 등 이 모든 것을 성취한다면 주변에서 인정받는다는 생각에 목표를 향해 삶의 많은 에너지를 쏟아붓게 됩니다. 하지만 좋은 것이라는 게 과연 자신에게 정말 좋은 것인지 한번 생각해 보아야 합니다. 남들 보기에 좋은 것은 아닌지, 남들에 그럴듯한 자신의 삶을 인정받기 위함은 아닌지 진지하게 고민해 보아야 합니다. 그런 과정을 거치지 않고 성취를 한다면 목표를 성취한 기쁨도 잠시, 허전함을 채우기 위해 또 다른 목표를 찾아 떠나게 됩니다. 자신에게 좋다는 것이 무엇인지를 알기 위해서는 목표를 성취한 후 무엇을 얻고자 하는지를 고려해야 합니다.

가령 좋은 대학에 들어갔다는 것은 자신의 취향과 적성에 맞는 대학과 학과를 선택하여 합격한 상태를 말합니다. 남들이 좋다고 정해놓은 대학이 자신에게도 좋다는 보장이 없기 때문입니다. 다른 사람들의 의견은 참고는 하더라도 스스로 선택하지 않으면 후회와 원망만이 남게 됩니다. 그렇기에 모든 선택은 스스로 해야 후회와 원망이 없고 결과를 담담하게 받아들일 수 있습니다. 설령 선택이 좋지 못한 결과를 가지고 와도 그 과정에서도 배움이 있기 때문입니다. 많은 사람이 순간의 기쁨을 얻기 위해 결과지향적인 삶을 살아갑니다. 그러한 삶은 팥이 빠진 찐빵처럼 실속이 없기 마련입니다. 의미 있는 삶은 과정을 중시하는 과정지향적인 삶이어야 합니다. 공부는 학문을 연구하고 향유하는 즐거움을 느끼기 위해서 하는 것이지, 성적으로 차별을 두기 위함이 아닙니다. 학문을 배우는 과정이 즐거워야 하는데 취업이라는 목적을 두고 공부를 하는 것은 재미없고 의무적인 일로 전락할 수밖에 없습니다. 의무적으로 하는 일을 통해 긍정적으로 변화할 수는 없습니다. 일은 의미가 부여되어야 즐겁게 임할 수 있습니다. 또한 일은 나의 재능을 통해 나와 남 모두를 이롭게 하는 즐거움이 있어야 합니다. 이런 과정을 통해 긍정적인 변화를 통한 성장이 이루어집니다.

과정에 대한 즐거움을 추구하기보다 결과만을 중시한다면 결과를 통한 자만심 또는 자기비하의 감정이 드러날 수 있습니다. 이러한 부정적인 감정은 정신적인 성장을 막습니다. 다른 사람들에게 비교하는 마음에서 과시하고자 하는 생각이 생기고, 과시하고자 하는 생각은 분에 넘치는 사치와 탐욕을 조장합니다. 학문과 일에도 순수한 즐거움을 추구하는 것이 아니라면 자신의 재능을 과시하고자 하는 오류를 범할 수 있습니다. 이러한 과시욕은 자신만의 편협된 생각으로 인해 다른 사람들과 조화로운 삶을 깨뜨릴 수 있습니다. 논어에서는 '학이시습지 불역열호(學而時習之 不亦說乎)'라고 하여 '배우고 때맞추어 익히면 또한 기쁘지 아니한가?'라고 배우는 즐거움을 얘기합니다. 논어를 편집한 사람은 배움의 즐거움을 강조하기 위해 논어의 첫머리를 장식했다고 추측하는 연구자들이 많습니다. 공자는 배움의 즐거움을 통해서 더 나은 지적, 영적 성장을 추구하는 것이 중요하다는 것을 알려줍니다.

배우고 익히는 학문의 즐거움은 인(仁)을 실천함을 통해 올바른 방향으로 나아간다는 확신이 서야 합니다. 하지만 더 많은 학문을 배움으로써 생기는 부작용을 노자(老子)는 다음과 같이 경계합니다.

"모든 사물은 때론 덜어내야 더해지게 되고, 때론 더해도 덜어지게 된다. 배움은 많아질수록 교묘한 속임수가 늘어나고, 도는 많아질수록 교묘한 속임수가 줄어든다. 줄어들고 줄어들어 무위의 경지에 이르러야 한다"

학문을 배우면서도 어짊(仁)을 실천하고 이치에 맞는 도(道)를 실천하는 삶이 아니면 더해진 지식은 우물 안 개구리처럼 자신이 아는 지식에 묻혀 편향된 삶을 살아가게 된다는 뜻입니다.

꿈을 추구하는 것은 올바른 도리를 실천하기 위한 욕구에서 비롯되어야 합니다. 자기 자신 즉, 에고ego의 노예가 되어 추구하는 꿈은 결코 진정한 행복을 가져다주지 않을 것입니다. 행복이 찾아오기 위해서는 꿈의 방향이 올바르게 설정되어야 합니다. 무력함에 빠진 자신을 일으켜서 새롭게 변화시키고자 하는 노력은 방향이 올바로 설정되어야 하고, 방향이 올바르면 보람과 희열의 감정이 따라옵니다. 이러한 감정을 느낀다면 제대로 된 꿈을 실천하고 있다는 증거이며, 조금씩 변화에 대한 거부감을 벗고 더 높고 깊은 세계로 나갈 수 있도록 인도할 것입니다.

경험과 행복

최근 행복에 관한 연구결과에 의하면 사람들은 물건을 사는 것보다 경험을 사는 것에 더 큰 행복감을 느낀다고 합니다. 그렇다면 어떤 경험들이 행복하게 만들어 주는 것일까요? 와튼 경영대학원의 캐시 모길너Cassie Mogilner와 아밋 바타차지Amit Bhattachargee는 경험이 행복에 미치는 영향에 관하여 연구하였습니다. 그들은 경험을 소소한 경험과 특별한 경험으로 나누었는데 그 기준은 경험이 발생하는 빈도였습니다. 연구결과에 의하면 해외여행과 같은 특별한 경험은 모든 연령대에 행복을 가져왔습니다. 물론 경험에 대한 소비를 지불할 수 있는 여건이 된다면 여행은 새로운 것에 대한 신선한 경험을 평생 간직할 수 있는 이야기를 만들 수 있습니다. 그러나 이 연구에 의하면 해외여행과 같은 특별한 경험만이 행복을 가져다주는 것은 아니라고 말합니다. 나이 든 사람들의 일상의 소소한 경험도 특별한 경험 못지않게 행복을 가져다줄 수 있다는 것을 발견했습니다. 소소한 행복을 느끼려면 아침에 일어나서 하루를 보내는 동안 일어나는 일들을 새로운 경험처럼 즐겁게 받아들여야 합니다. 일상의 소소한 경험 중에서 본인에게 맞는 것을 찾고 즐겁게 받아들인다면 비용을 들이지 않고도 행복을 찾을 수 있는 손쉬운 방법이 될 수 있습니다.

티머시 페리스Timothy Ferris의 『4시간』에서는 MBA 학위를 받은 미국인과 멕시코 어부와의 대화를 통해 행복은 멀리 있지 않고 가까이에 있을 수 있다는 것을 다음의 이야기를 통해 보여줍니다.

뉴욕의 사업가가 멕시코 해변으로 휴가를 떠났습니다. 노을을 따라 거닐다 그는 해변에서 한 어부로부터 물고기 몇 마리를 샀습니다. 물고기가 정말 맛있어 다음 날 다시 그곳을 찾았으나 어부는 "물고기가 떨어졌으니 내일 다시 오라"며 거절했습니다. 사업가는 어부를 이해할 수 없었습니다. '이렇게 맛이 좋은 물고기를 매일 몇 마리만 잡아서 팔고 있다니.' 사업가가 어부에게 넌지시 물었습니다.

"물고기를 더 많이 잡아 팔면 더욱 많은 돈을 벌 수 있을 텐데요."

어부가 말했습니다.

"글쎄요? 저는 아침에 충분히 잠을 자고, 잠을 깬 뒤 아이들과 놀다가 한두 시간 정도 물고기를 잡습니다. 점심을 먹고 난 뒤 잠깐 낮잠을 자고, 이른 저녁이 되면 가족들과 즐거운 저녁 식사를 합니다. 그리고 밤이 되면 마을에 나가 술을 마시고 기타를 치며 친구들과 노래를 부릅니다. 제 삶은 충분히 만족스럽고 행복합니다."

사업가는 어부를 설득하기 시작했습니다.

"저는 뉴욕에서 사업을 하고 있습니다. 하버드에서 MBA를 받았고, 사업이나 마케팅은 자신 있습니다. 내가 당신을 도울 수 있습니다. 당신은 더 많은 물고기를 잡아야 하고, 그래야 더 행복한 내일을 기약할 수 있습니다. 더 나은 미래를 위해서는 물고기를 잡는 데 더욱 많은 시간을 투자해야 합니다."

어부가 의아해 하며 이유를 묻자 사업가가 말을 이었습니다.

"당신이 고기를 많이 잡으면 여유 자금이 생겨서 큰 배를 사게 됩니다. 시간이 흐르면 여러 척의 배를 가질 수 있고, 다른 어부들에게 돈을 받고 대여할 수도 있습니다. 한 5년쯤 지나면 돈을 많이 벌어 가공 공장도 세울 수 있고, 당신 이름의 브랜드도 갖게 될 것입니다."

"돈을 많이 번 뒤에는 뉴욕이나 샌프란시스코로 이사하는 겁니다. 그쯤 되면 당신은 사업을 다른 사람들에게 맡기고 회장을 하면 됩니다. 당신은 20년 내 억만장자가 돼 있을 겁니다."

"그래요? 그런 다음에는 뭘 하죠?"

"억만장자가 되면 여생을 편안하게 즐길 수 있습니다. 멕시코의 한적한 해변에 별장을 짓고, 가족들과 여유를 만끽할 수 있습니다. 매일 충분한 잠을 자고, 아이들과 즐겁게 놀아줄 수도 있고, 배부르고 졸리면 낮잠을 자도 됩니다. 푸짐한 저녁 식사를 한 뒤에는 마을에 나가 술도 한잔하고, 친구들과 기타를 치며 노래를 부를 수도 있습니다. 우리가 꿈꾸는 편안한 여생이죠."

어부가 마지막으로 한마디 했다. "여보세요 사업가 양반, 당신이 보다시피 나는 지금 그렇게 살고 있잖아요."

위의 이야기에서 소소한 행복은 우리 곁에서 멀리 있지 않음을 보여주고 있습니다. 도전과 성취하는 삶 속에서도 행복할 수도 있습니다. 그러나 위의 기업가가 추구하는 삶은 도전과 성취를 추구하는 지금 이 순간의 즐거움은 없습니다. 결국 성공 이후에 행복이 있기 때문입니다. 여기서 중요한 것은 행복이란 저마다의 경험과 가치를 두는 기준이 다르지만, 현재 누릴 수 있는 행복이 있는데도 어리석게 멀리서 찾는 오류를 범하지 말아야 한다는 것입니다.

소소한 꿈을 즐겁게 실천하는 경험은 행복이란 멀리 있지 않음을 느끼게 하고 작은 것에도 만족하고 감사하는 삶을 살아갈 수 있게 합니다. 소소한 꿈을 통한 작은 성취를 통해 행복감을 느끼는 연습은 세상을 보다 긍정적으로 바라보는 내성이 생기게 합니다. 그리고 더 나아가 소소한 꿈을 성취하는 삶이 쌓이다 보면 더 큰 꿈으로 나아갈 수 있게 합니다. 삶은 새로운 것을 추구하는 변화의 과정으로 끝없이 순환하며 영성을 키워나가는 과정입니다. 습관에 의해 고정된 삶의 관성에서 빠져나오려면 소소한 행복 찾기의 경험이 필요합니다. 이러한 경험은 바로 행복을 담는 그릇을 넓히는 새로운 마음의 변화를 가져다줍니다.

불혹과 부동심

공자는 나이 사십을 불혹(不惑)이라 하여 사물의 이치를 깨닫고 세상일에 흔들리지 않을 나이라고 하였습니다. 여기서 불혹(不惑)의 혹(惑)은 갈팡질팡하거나 의심한다는 뜻을 가진 한자입니다. 그렇기에 불혹은 부질없이 엉뚱한 것에 마음이 갈팡질팡하지 않는다는 뜻입니다.

사물의 이치를 깨닫고 세상일에 미혹되지 않는다면 행복을 찾는 일이 쉬울 것입니다. 하지만 욕심에서 벗어날 수 없는 것이 인간인지라 평생을 달콤한 유혹에 속아 삶의 구렁텅이에 빠지게 되는 전철을 밟게 됩니다. 욕심에서 벗어날 수 있어야 소소함 속에서도 행복을 느낄 수가 있습니다. 그러나 자신을 챙기려는 에고ego의 마음이 강하면 강할수록 욕심의 구름에 가려 주변에 항상 상존하는 행복의 가치를 모르고 살게 됩니다.

세상일에 흔들리지 않기 위해서는 삶의 모든 일의 결과에 대한 원인을 찾는 습관이 필요합니다. 자기 생각만이 정답은 아니라는 겸손한 마음으로 살아가야 어떤 일이 자신에게 주는 의미를 배워나갈 수 있습니다. 이러한 겸손한 마음가짐으로 수양해야 모든 일에 대한 희로애락의 감정을 차분히 지켜보면서 흔들리지 않는 마음의 상태를 가질 수가 있습니다.

이십 대까지 배운 학문적 지식과 경험으로 삼십 대 이립(而立)의 나이에 인생을 어떻게 살아갈지를 고민하고 달려갑니다. 하지만 대다수 사람은 세상의 파고에 휩쓸려 갈 뿐 마음속에서 우러나오는 소리에 귀를 기울이지 않습니다. 이렇게 사십 대의 나이에 들어서게 되면 허망함에 빠지거나 잘못된 지식에 휘둘리며 자신만이 옳다는 독단에 빠지게 되는 것입니다.

사십 대는 그동안 쌓아온 삶의 지식을 바탕으로 다름을 이해하고 마음 깊이 수용하는 나이입니다. 그러나 자신에게 일어난 일을 입체적으로 바라보는 연습이 되어있지 않으면 세상을 편협하게 이분법적으로 나누는 피곤한 삶을 살아가게 됩니다. 입체적으로 바라보는 것은 여러 각도에서 사물의 참모습을 바라보는 것입니다. 한 면만을 바라보며 진실이라고 고집하면 다른 면을 바라보는 사람들과 갈등이 생길 수밖에 없습니다. 그들은 나이 오십에 하늘이 내려 준 자신의 명을 아는 지천명(知天命)은 고사하고 남은 생을 독단과 아집으로 좋지 못한 업을 쌓아가며 마감하게 됩니다.

맹자는 마음을 항상 바르게 하고 정직함과 정당함을 믿음으로써 부동심(不動心) 즉, 동요됨이 없는 큰 용기를 지닌 마음을 가질 수 있다고 하였습니다. 물론 어떤 일에도 미혹됨이 없는 불혹(不惑)이 전제되어야 부동심을 가질 수 있습니다. 정직함과 정당함이 없는 부동심은 스스로 옳다고 믿는 독단과 아집에 불과할 뿐입니다.

부끄럼 없는 떳떳한 부동심의 마음이 자라나면 주변의 시선을 의식하지 않게 됩니다. 결국 주변을 의식하지 않으면서 옳고 그른 일을 분별하는 능력이 생깁니다. 그리고 자신을 꾸미고 포장하는 데 시간을 보내는 것이 아니라 얼마나 의미 있는 일을 할 것인지를 생각하게 됩니다.

맹자는 부동심을 키우는 방법으로 두 가지를 제시하였습니다.

첫 번째는 지언(知言) 즉, 다른 사람의 말의 진의를 파악하는 것입니다. 다른 사람의 말이 옳은지 그른지를 파악하는 것은 바른 마음가짐을 통한 부동심을 통해 판별할 수 있습니다. 사람들은 듣기 좋은 말을 선호하지만, 욕심이 있는 상태에서 듣는 말은 옳고 그름을 판별하기 어렵습니다. 말 속에서 자신에게 유리하고 불리한 것을 구분하기 때문입니다.

두 번째는 호연지기(浩然之氣)입니다. 호연지기는 굽히지 않고 흔들리지 않는 올곧은 기개를 말합니다. 올바르고 떳떳한 기개는 자신감과 큰 용기를 키우게 됩니다. 하지만 자신이 올바르고 떳떳하지 못하다면 자신 있게 말을 하고 당당하게 나설 수가 없습니다.

지언(知言)와 호연지기(浩然之氣)를 통한 부동심이 생기면 올바른 일을 찾고 다른 사람들의 말에 쉽게 동요되지 않음으로써 의연하고 소신 있는 삶을 살아갈 수가 있게 됩니다. 부동심이 생기면 다른 사람이 좋다고 생각하는 것을 맹목적으로 따르지 않고 자신이 진정 원하는 행복을 추구할 수 있습니다. 행복은 남이 만들어 주는 것이 아니라 자신이 스스로 만드는 것이기 때문입니다.

요즘 사회는 학벌, 재산, 외모 등의 가치를 더 중요시하는 실력주의, 배금주의, 외모지상주의 사회로 변모하고 있습니다. 스펙을 쌓고, 돈을 벌고, 외모를 가꾸는 것이 잘못되었다는 것이 아닙니다. 그러한 가치에 치중하다 보면 더 소중한 가치인 사랑(仁)과 정의(義)가 가려지게 되기 때문입니다. 물론 스펙, 돈, 외모를 원하는 대로 성취하게 되면 잠시는 행복해 질 수 있을 것입니다. 하지만 물질적인 것에서 받는 행복은 오래 계속될 수가 없습니다. 자연현상에서 보듯이 물질은 언젠가 노화되고 사라져 갈 수밖에 없기 때문입니다. 이 또한 지나가고 변하는 것이 인생입니다. 이러한 이치를 깨닫지 못한다면 갈증을 채우지 못하면서 행복에 관한 목마름은 더 심해져 가기만 할 것입니다.

사십 대는 돈, 권력, 명예의 유혹에 빠질 수 있는 나이입니다. 인생이 변곡점에 들어선 사십 대의 향방은 바로 이 유혹에서 얼마나 잘 대처할 수 있는가에 달려있습니다. 바로 이것이 인생의 후반기에 들어선 사십 대에 불혹과 부동심이 진정으로 필요한 이유입니다.

사십 대는 위로는 기성세대인 부모와 아래로는 신세대인 자식 중간에 낀 세대입니다. 중간에 끼어 있다는 것은 위아래를 연결할 수 있는 교량의 역할을 할 수 있다는 것입니다. 세상의 유혹에 빠지지 않고 올바른 가치를 추구한다면 사회에 만연해 있는 불신과 외로움을 해결할 가능성이 생깁니다. 물질문명은 전보다 편한 환경을 만들어 주었지만, 현실은 많은 사람이 외롭고 힘든 시간을 보내고 있습니다. 교량 위치에 있는 세대가 그 역할을 제대로 하지 못하면 본인은 물론이고 부모와 자식이 외로워지게 됩니다. 낀 세대가 아닌 다리를 놓는 교량 세대로서의 역할을 되찾아야 합니다. 세대 간 소통이 자연스럽게 이루어지기 위해서는 진정으로 원하는 가치가 무엇인지를 생각해 보아야 합니다. 자신만의 욕심만을 내세우며 소중한 가족과의 행복을 희생하고 있는 것이 아닌지 뒤돌아보아야 합니다. 스스로 반성해 보아서 부끄러움이 있다면 탐욕에 휩싸여 있는 것입니다.

맹자는 마음속에 부끄러움이 없으면 두려울 게 없다고 하였습니다. 탐욕에 흔들리지 않고 부끄럽지 않고 의연하게 살아가면 소중히 간직해야 할 가치는 뚜렷이 드러나게 됩니다.

자강불식
· · · · · · · · ·

'스스로 힘써 노력하기를 쉬지 않는다'란 뜻을 담은 자강불식(自强不息)은 주역 64괘 중에서 건괘(乾卦)에 나오는 말입니다. 여기서 노력한다는 것은 하늘의 이치에 맞게 자신의 도덕적 품성을 기르기 위해 힘써야 한다는 것을 의미합니다.

대자연의 변화가 어긋남이 없이 이치에 맞게 움직이는 것처럼 사람들도 자연의 이치에 맞게 살아가야 합니다. 추운 겨울이 지나고 얼었던 땅이 녹으면 따스한 봄과 함께 새싹이 피어나고, 뜨거운 여름이 지나면 선선한 바람과 함께 가을이 찾아옵니다. 사계절의 변화는 쉬지 않고 돌아갑니다. 사계절이 멈추거나 건너뛰지 않는 것처럼 자연은 사사로운 욕심이 없습니다. 사물이 극에 달하면 다시 원점으로 돌아가는 물극필반(物極必反)의 원리가 작용하기 때문입니다.

자연의 이치에 맞는 삶을 실천하는 것은 먼 곳에 있는 것이 아닙니다. 소소한 생활 속의 즐거움을 찾고 마음을 평온하게 하며, 더 나아가 주변 사람들과 더불어 사는 즐거움을 만드는 삶이 자연의 이치에 맞는 삶입니다. 자연의 이치는 공생관계를 만들며 더불어서 살아가지 서로 비교하고 경쟁하지 않습니다. 서로 비교하는 마음속에 질투와 욕심이 생기고 때론 좌절하기도 합니다. 비교하지 않고 사람과 사물에 대해 존중하는 마음으로 바라보면 보이지 않던 면이 보이게 됩니다. 배움은 여기서 이루어집니다. 마음공부는 학식 있는 사람이나 도인들만 하는 것이 아닙니다. 마음을 가볍게 하고 작은 즐거움을 찾을 때 세상사에 찌든 마음의 거울이 조금씩 닦이는 것을 느낄 수 있습니다.

흐르는 물을 거슬러 올라가면 힘이 드는 것처럼 이치에 맞지 않는 일을 하면 심신이 힘들게 됩니다. 삶의 무게중심을 잡지 못하면 버티기 위해 힘이 많이 들어가거나 중심을 잃고 쓰러지게 됩니다. 중심을 잃는다는 것은 주변 상황 및 사람들과 조화롭지 못했다는 것을 방증합니다. 힘든 원인을 자신이 아닌 외부에서 찾는 것은 조화를 이루는 삶이 아닙니다. 중용에서는 자연의 이치를 실천하는 사람은 어떤 자세가 필요한지 말해줍니다.

"군자는 자기를 바르게 할 뿐 다른 사람에게서 이유를 찾지 않고 원망도 하지 않는다. 위로는 하늘을 원망하지 않고 아래로는 사람을 탓하지 아니한다."

문제의 원인을 밖에서 찾지 말고 안에서 찾으라는 말입니다. 힘써 노력하지 않고 난관에 봉착했을 때 하늘을 원망하지 말고 자신에게서 원인을 찾아야 한다는 것입니다.

지혜롭지 못하면 순리에 맞지 않는 일을 해놓고 애써 노력했는데 왜 자신에게 힘든 일이 발생하는지 모르겠다고 푸념하기도 합니다. 자강불식은 자연을 본받아 힘써 조화로운 삶을 살아가기 위해 노력해야 한다는 것을 의미합니다. 특정 집단 또는 특정인의 이익만을 위해 노력한다는 것은 주변 이해당사자들의 반발을 가져옵니다. 가족을 위해, 공동체를 위해 노력했는데 주변의 반응이 냉담하고 즐겁지 않다면 올바른 가치를 추구하고 있는지 뒤돌아볼 필요가 있습니다.

일상에서 소소한 행복 찾기는 작지만 소중한 가치가 무엇이었는지를 되살려 줍니다. 힘써 쉬지 않고 노력한다는 것은 바로 이러한 가치를 찾기 위해 노력하고, 그 가치가 주는 행복에 감사하는 삶을 살아가는 것이 아닐까 생각합니다. 자연은 무언가를 바라고 꽃을 피우고 열매를 맺는 것이 아닙니다. 활짝 핀 꽃을 바라보며 어두워진 마음을 환하게 비추고, 떨어지는 꽃을 보며 현재 주변에 소중한 이들이 곁에 있음을 감사합니다. 열매를 보며 빛, 물과 거름을 통한 노력으로 인한 결실의 의미를 배우고, 떨어진 열매를 보며 언젠가 땅속에 묻힌 씨앗이 다시 새싹으로 돋아나는 희망을 봅니다.

필자가 하는 운동 중에서 태극권이라는 중국 무술이 있습니다. 다른 격투 무술과는 달리 파고들수록 새롭고 오묘하기에 심신을 단련하는데 더할 나위 없이 좋은 운동입니다. 태극권은 누군가를 제압하기보다는 자연적인 흐름에 순응하고 조화를 이루어 바른 몸과 마음으로 돌아가게 하는 자연이연(自然而然) 사상을 담고 있습니다. 태극권 자세는 항상 한 쪽에 기울거나 치우치지 않아야 하는 중용(中庸)사상을 담고 있고, 또한 모든 동작은 허(虛)와 실(實)이 구분되어 있고 신체 모든 부위가 조화를 이루는 음양(陰陽) 사상이 깃들어 있습니다.

태극권의 철학처럼 삶은 치우치지 않고 이분법적인 사고로 나누지 않으며 포용하고 균형을 이루어야 합니다. 자신을 내세울수록 욕심이 들어가서 포용과 균형을 잃게 되기 쉽습니다. 무언가에 치우칠수록 상반된 것을 이해하지 못하고 독단적인 사고에 빠지게 될 수도 있습니다. 세상을 살아가는 진리는 크고 복잡한 곳에 있는 것이 아니라 작고 단순함 속에 숨어있을지도 모릅니다.

일체유심조

세상의 모든 것은 좋고 나쁜 것이 있는 것이 아닙니다. 저마다의 사람들이 어떤 생각의 틀을 가지고 있느냐에 따라 똑같은 일을 보고도 해석하는 바가 다를 수 있기 때문입니다.

비가 오면 비가 와서 좋구나, 하는 사람이 있고 비가 오니 우울해져서 싫다고 하는 사람이 있습니다. 무언가 기분이 좋은 상태에서는 비가 와서 좋다고 생각하고, 스트레스를 받는 상황에서는 비가 와서 싫다고 생각합니다. 즐거움과 괴로움은 모두 마음에서 비롯되는 것입니다.

일어난 일을 어떻게 바라보는가, 사물이 어떻게 쓰이느냐에 따라 좋거나 나쁘거나 나뉘게 됩니다. 좋고 나쁜 일이 따로 있거나, 좋고 나쁘게 태어나는 것은 아니라는 얘기입니다. 예를 들어 부모가 자식에게 매를 드는 것은 엄격한 부모에게는 당연히 자식을 위해 좋은 일이라고 생각합니다. 하지만 아이들은 자신을 이해하지 못하는 부모에게 억울해하고 오히려 부모가 나쁘다고 생각할 수 있습니다. 그리고 주변 이웃들은 위에서 예를 든 상황에 대해 자신이 살아온 기준을 가지고 제각각 부모 처지에서, 자식 처지에서 좋다 나쁘다를 판단하게 됩니다.

일체유심조(一切唯心造)란 말이 있습니다. 이 세상의 모든 것은 오직 마음에서 만들어진다는 뜻입니다. 주변 환경은 변한 것이 없는 데 마음의 작용으로 누군가가 사랑스러워지기도 하고, 미워지기도 합니다. 이처럼 행복과 불행은 마음의 그릇이 얼마나 넓고 커지느냐에 달려있다고 할 수 있습니다. 천국과 지옥을 만드는 것은 모두 마음의 작용입니다. 악한 마음을 가지게 되면 세상이 지옥처럼 느낄 수 있고, 선한 마음을 가지면 세상이 천국처럼 느낄 수 있습니다. 따라서 인간은 선과 악을 가지고 있으며 어떤 것을 선택하느냐에 따라서 인생의 경로가 천차만별로 달라질 수 있습니다.

사주 명리학 및 불교에서는 인간은 이미 태어날 때부터 지난 생의 과보에 의해 어떤 생을 살아갈지가 기본적으로 프로그램되어 있다고 합니다. 마음의 수양이 덜 되어있는 상태에서는 이미 결정된 앞으로 찾아올 사건을 고스란히 겪으며 인생의 희로애락을 느끼며 살게 됩니다. 사주팔자의 치우쳐 있는 오행으로 인해 지나침과 부족함이 생기고, 지나침과 부족함은 인생의 갈등을 만듭니다. 살아가면서 겪게 되는 갈등은 바로 불교에서 말하는 업의 작용이라 볼 수 있습니다.

수면 아래 무의식 속에 잠재된 업력은 우리의 일상에서 조건이 맞으면 바로 튀어나오게 됩니다. 그렇기에 준비되지 않은 상태에서 받게 되면 통제되지 않는 행동과 말로 인해 다른 사람에게 상처를 주는 것입니다. 무의식의 작용이 강하기 때문에 날마다 새로워지고자 하는 노력이 필요합니다. 새로움은 변화를 받아들이는 것입니다. 매 순간 사랑하고, 감사하고, 평화로운 마음을 가지려고 노력한다면 갈등을 유발하는 무의식의 작용 즉 업장은 금세 소멸하여 없어집니다. 잡념이 들거나, 마음이 혼란스러운 경우에는 다음과 같이 말해 볼 필요가 있습니다. "사랑, 감사, 평화" 하늘이 자신에게 베풀어 주는 사랑에 감사하고, 이를 통해 마음의 평화를 누린다는 뜻입니다. 주문처럼 외게 되면 온전한 마음으로 되돌아갈 수 있습니다.

사도 바울은 "항상 기뻐하라 쉬지 말고 기도하라 범사에 감사하라"고 하였습니다. 범사에 감사한다는 것은 소소한 일상 속에서 관찰을 통해 얼마나 많은 것이 자신을 위해 존재하는지를 느끼는 것에서부터 비롯됩니다. 주변 사물과 사람들의 도움을 받으며 밥을 먹고, 옷을 입고, 생명력을 유지하며 살아가고 있는 것입니다. 모두 자신의 노력과 힘으로 성취된다고 생각한다면 착각입니다. 식탁에 오르는 음식도 많은 사람의 땀방울이 깃들어 있습니다. 직장에서 받는 월급도 주변 동료들에 의해 유기적으로 일하게 되면서 회사가 유지되고, 그 노력의 결과로서 월급을 받게 되는 것입니다. 아무리 부족한 부모라도 유아, 어린 시절을 거쳐오면서 스스로 아무것도 할 수 없는 자신을 보살피고 키워왔기 때문에 현재 살아있는 것입니다.

　모든 것이 주변의 사랑과 보살핌에 의해 현재의 나를 만든다고 생각하면 감사하지 않을 수 없습니다. 감사하게 되면 소소한 일상 속에서도 평화로운 마음을 통한 행복을 유지할 수 있습니다. 그래도 소소한 행복을 위해 무엇보다도 중요한 것은 실천입니다. 큰 것, 한방에 의해 행복해질 수 있다는 마음은 왜곡된 투기심에 불과합니다. 왜 행복해지고자 하는지를 다시 생각해 볼 필요가 있습니다. 행복해지고자 하는 의미를 부여한다면 거창한 꿈을 이루는 것만이 행복이 아님을 알게 됩니다. 현재 행복하지 않다고 포기하고 좌절할 것이 아니라 작은 소소한 행복을 추구하는 습관으로 긍정적이고 희망적인 마음을 가질 필요가 있습니다.

　행복을 주는 귀중한 보배는 먼 곳이 아니라 바로 마음속에 있기에, 마음에 의해 생겨나고 사라지는 것입니다.

Epilogue

책을 준비하면서 행복을 얻기는 쉬우면서도 어려운 일이라는 것을 알게 되었습니다. 결국 작은 것에도 만족하고 소중히 하는 마음이 행복을 얻을 수 있는 지름길입니다. 그런데 작은 즐거움을 찾는 것은 왜 힘들까요? 소소한 것에도 만족할 수 있으면 행복은 가까이에 있지만, 더 큰 것을 원할수록 행복은 멀리 있는 것처럼 느껴지기 때문입니다. 성경에서 "마음이 가난한 자는 복이 있나니, 천국이 그들의 것임이요" 라는 구절이 있습니다. 작은 것에도 만족할 수 있는 마음, 욕심을 부리지 않는 마음속에서 행복을 느낄 수 있다는 뜻입니다. 마음이 가난한 자는 욕심이 없기에 여러 가지 생각에 사로잡혀 고뇌하지 않습니다. 사물에 대해 옳고 그름을 따지지 않기 때문에 있는 그대로를 받아들이고 만족해합니다. 그렇기에 어느 곳에 치우치지 않는 마음의 평온을 유지할 수 있는 것입니다.

결국 삶을 살아가면서 힘들게 하는 것은 남도 아니고 바로 자신입니다. 공자는 "가난 속에서도 즐거움을 잃지 말고, 부유해도 기꺼이 예절을 지키라"라고 했습니다. 자신이 처해 있는 상황과 관계없이 만족할 줄 알면 여유가 있고, 여유가 있으면 작은 것에도 즐거움이 있음을 느낄 수 있다는 뜻입니다. 예절을 지킨다는 것은 자신이 받아서 싫은 일을 남에게 행하지 않음을 의미합니다. 욕심을 버리고 상대방에 대한 존중과 전체와 조화를 이루기 위한 마음가짐과 행동으로 나오는 것이 예절입니다. 자신의 주변 사물과 조화를 이루고자 하면 비로소 보이지 않던 소소한 즐거움이 드러나게 됩니다.

자아를 유지하기 위해서는 자기 자신을 먼저 챙기려고 하는 것은 어찌 보면 당연할 수도 있습니다. 그런데 역설적으로 자신을 챙기려는 욕심이 강할수록 삶은 여러 가지 갈등과 시련을 받게 됩니다. 자신의 몸이 망가질 수도 있고, 소중하게 생각하는 사람들을 통해 마음의 상처를 얻게 됩니다. 정신적으로, 신체적으로 균형을 이루어야 건강한 삶을 살아갈 수 있습니다. 균형은 존중 속에서 주고받는 기운의 가운데 자리입니다. 자신과 사물이 화평함을 이룰 때 비로소 중(中)을 이룬다고 볼 수 있습니다. 자신을 둘러싼 사물은 상호보완적인 관계이지 대립적인 관계가 아닙니다. 오히려 중(中)을 이루는 데 도움을 준다는 것을 알 수 있을 것입니다. 돌이켜보면 살아오면서 겪었던 갈등과 시련 속에서도 얻는 깨달음이 있습니다.

영화 『완벽한 그녀에게 딱 한 가지 없는 것』에서는 어른이 되고 싶어 하는 13살의 소녀가 갑자기 눈을 떠보니 30살 어른이 되어 겪게 되는 체험을 통해 인생에 중요한 것이 무엇인지를 생각해 보게 합니다. 영화에서는 소중한 날들에 대해서 다음과 같이 얘기합니다.

"우린 우리가 좋은 사람이었던 시절을 기억해내야 해요. 안 그러면 차가운 내 안에 감춰진 진짜 자신을 잃어버릴 테니까요. 우리는 우리 자신이 좋았던 지난날들을 기억해야 합니다."

자신이 좋았던 지난날들은 좋은 사람이었던 시절입니다. 서로 이해하고 조화로웠던 시절이 바로 즐겁고 행복했던 날입니다. 행복한 시절은 바로 자신을 좋은 사람으로 만들어 주는 사람들과 함께했을 때, 자신이 상대방을 좋은 사람으로 만들어 주었을 때였음을 기억해야 합니다. 다시 영화로 돌아와서 주인공은 엄마에게 되돌리고 싶은 과거에 관해 묻습니다. 그러나 주인공의 엄마는 되돌리고 싶은 과거가 없다고 대답합니다. 왜냐고 묻는 주인공에게 다음과 같이 이야기합니다.

"실수는 잦았지만, 후회는 없어. 실수가 없었으면 깨달음도 없었을 테니까."

행복이 멀리 있다고 생각하는 사람들은 곁에 있었던 소중한 사람들을 잊은 채 앞만 보며 살아갑니다. 소중한 사람들이지만 오히려 남보다 못한 대접을 하기도 합니다. 기대가 높았던 만큼 실망도 크기 때문입니다. 결국 있는 그대로의 모습을 존중하지 않고 욕심을 부리게 되면 소중한 사람들과의 관계는 멀어지게 됩니다. 그러다가 시간이 지나고 보면 자신을 소중하게 생각해 주었던 사람들과, 소중한 순간들이 다시 그리워지게 됩니다. 스스로 대단한 사람이 아니고 부족하다는 것을 자각하게 되면 깨달음이 오게 됩니다.

책을 쓰고 있던 기간에도 갈등과 깨달음의 순간들은 여전히 찾아오고 있었습니다. 그러나 전과 달리 깨닫고 다름을 수용하는 시간은 점점 빨라짐을 느낍니다. 소소한 일상의 즐거움을 찾고 실천하면 작은 것에도 감사하고 감동할 수 있기에 겸손하게 됩니다. 그렇다고 해서 소소한 작은 꿈의 실천이 소박함으로만 끝나지는 않습니다. 점점 작은 꿈의 실천을 통해 눈덩이처럼 커진 꿈을 실현할 날이 머지않을 것이기 때문입니다. 이제 심호흡을 하고 부드러운 시선으로 주변을 다시 바라보시기 바랍니다. 그리고 잃어버린, 소소한 즐거움을 다시 찾고 잔잔한 행복을 느끼시길 기원합니다.